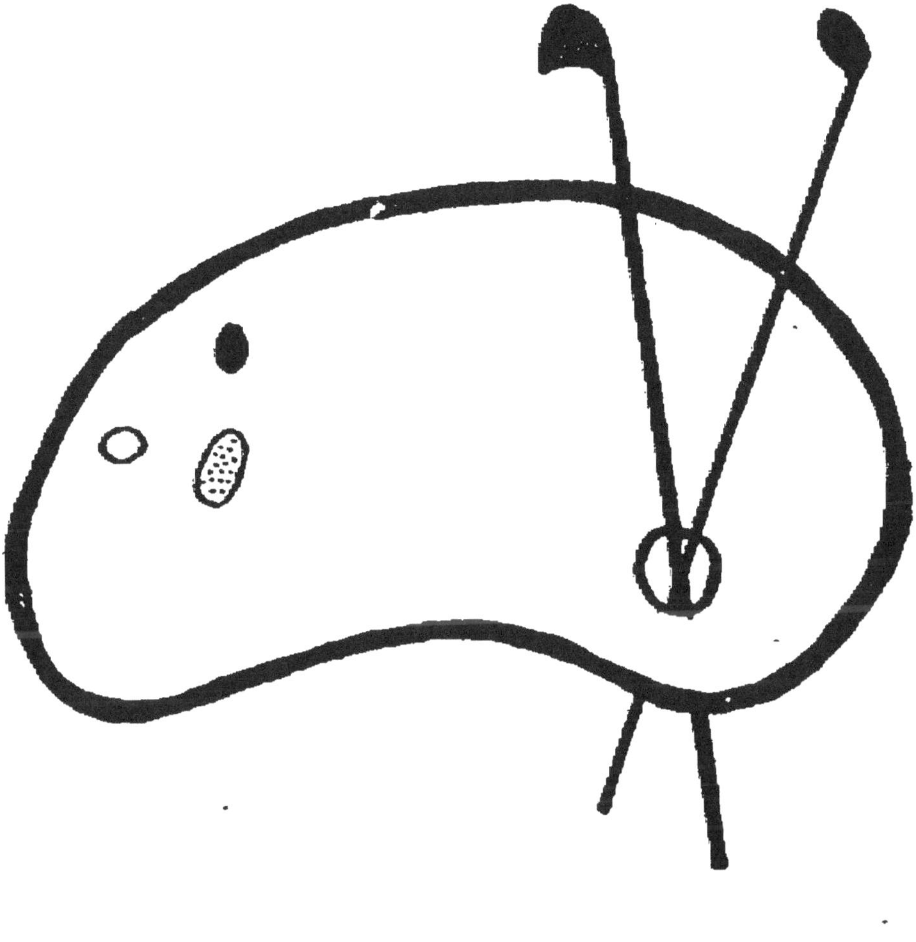

DEBUT D'UNE SERIE DE DOCUMENTS
EN COULEUR

BIBLIOTHÈQUE DE GUERRE

GABRIEL SÉAILLES
Professeur à la Sorbonne

L'ALSACE-LORRAINE

Histoire d'une Annexion

Prix : 0 fr. 50

PARIS
LIGUE DES DROITS DE L'HOMME & DU CITOYEN
1, Rue Jacob, 1
1915

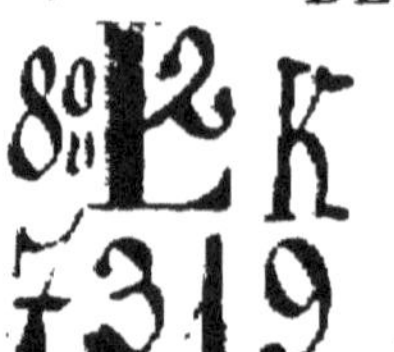

DANS LA MÊME COLLECTION

Ont paru :

Victor BASCH....... *La Guerre de 1914 et le Droit*. 0 50

Gabriel SÉAILLES... *L'Alsace-Lorraine : Histoire d'une Annexion*........... 0 50

Pour paraître :

Th. RUYSSEN....... *Le Problème des Nationalités* (sous presse).

Général X......... *La Guerre de 1914 et la Nation armée* (sous presse).

André GOUGUENHEIM. *La Réparation des Dommages de la guerre dans les régions envahies* (en préparation).

X................. *La Guerre de 1914 et la Censure* (en préparation).

X................. *Les Juifs de Roumanie* (en préparation).

X................. *Le Peuple arménien* (en préparation).

Assoc. Ouvrière — 11.188.

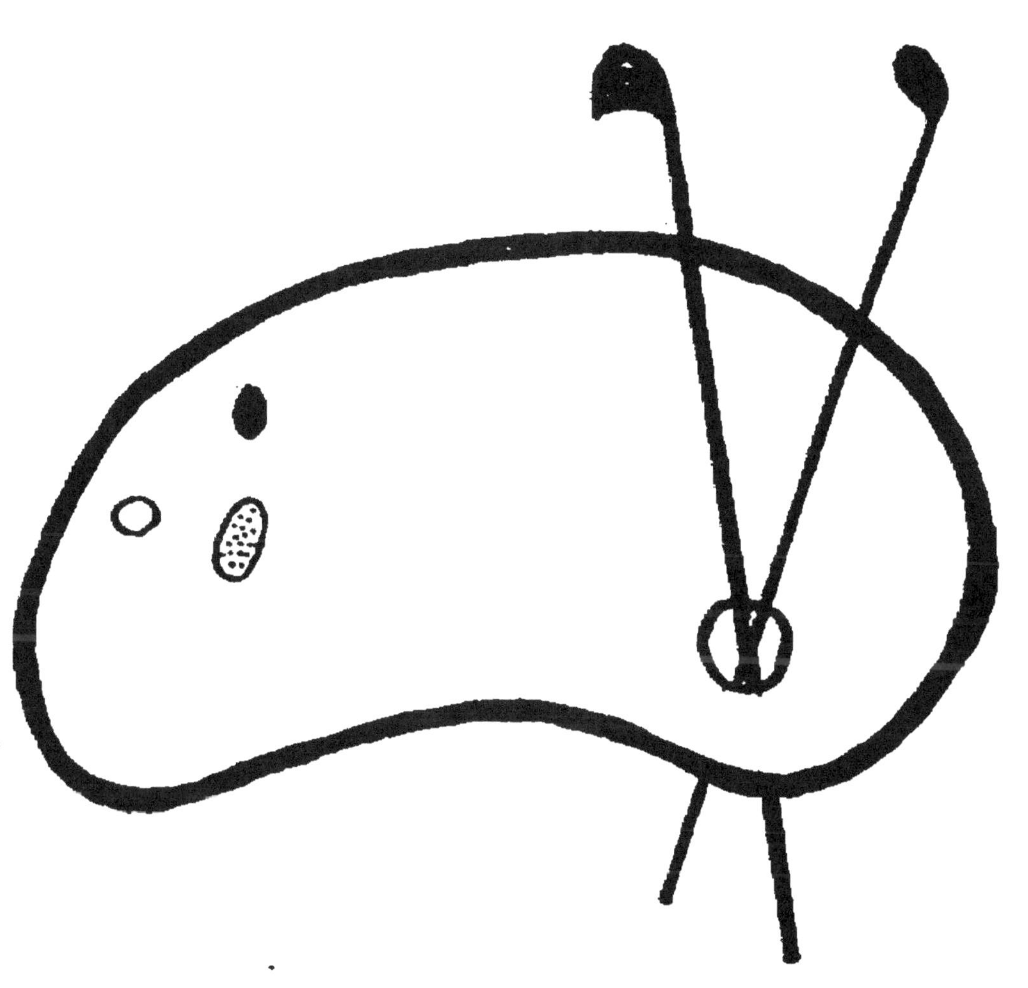

FIN D'UNE SERIE DE DOCUMENTS
EN COULEUR

L'ALSACE-LORRAINE

HISTOIRE D'UNE ANNEXION

L'ALSACE-LORRAINE

HISTOIRE D'UNE ANNEXION[1]

I

L'Alsace française. L'Allemagne et le traité de Westphalie.

En 1870, la guerre engagée par l'empereur Napoléon III avec une étonnante légèreté ne fut qu'une longue suite d'événements douloureux. L'ignorance et l'infatuation du haut commandement militaire livraient tout au désordre et au hasard. Sanglantes défaites en Alsace, retraite sur Châlons, marche sur le Nord, capitulation de Sedan, trahison de Bazaine, prise de Strasbourg, le destin frappait à coups précipités. En vain, la République proclamée, le peuple cherchait dans l'histoire de la Révolution des raisons

---

(1) GEORGES DELAHACHE : Alsace-Lorraine, La Carte au Liséré vert (Paris, *Hachette*). — EDOUARD TEUTSCH : Notes pour servir à l'Histoire de l'Annexion de l'Alsace-Lorraine (Nancy, *Berger-Levrault*). — JEAN LONGUET : Les Socialistes allemands contre la Guerre (Paris, *Librairie socialiste*). — J. NOVICOW : L'Alsace-Lorraine obstacle à l'expansion allemande (Paris, *Félix Alcan*). — IGNOTISSIMUS : Une voix d'Alsace (Paris, *Armand Colin*). — ERNEST RENAN : La Réforme intellectuelle et morale de la France (Paris, *Michel Lévy*). — TREITSCHKE : Zehn Jahre deutscher Kämpfe (Berlin, *G. Reimer*). — NORMAN ANGELL : La grande Illusion (Paris, *Nelson*). — GASTON MOCH : Alsace-Lorraine, réponse à un pamphlet allemand (Paris, *Armand Colin*). — Je dois tous mes remerciements à notre collègue du Comité Central, M. Emile Kahn, pour les documents qu'il m'a donnés sur la doctrine révolutionnaire.

de ne pas désespérer, se dressait contre l'ennemi dans un suprême effort; en vain, Paris affamé, bombardé, supportait un long siège de cinq mois; en vain, Gambetta, dans une improvisation héroïque, levait des armées, qui sauvaient tout ce qui pouvait être sauvé, l'honneur.

Maîtresse de l'heure, l'Allemagne ne se contentait pas d'imposer à la France vaincue une énorme indemnité de cinq milliards, elle lui demandait de se mutiler elle-même, de céder le Bas-Rhin, le Haut-Rhin, une grande partie de la Moselle, le tiers de la Meurthe, de livrer, comme une rançon, des milliers de ses enfants, qui protestaient douloureusement contre cet abandon. Le premier article du *Traité de Francfort* portait : « La France renonce en faveur de l'Empire allemand — l'Empire allemand venait d'être solennellement reconstitué dans le palais de Versailles — à tous ses droits et titres sur les territoires situés à l'Est de la frontière ci-après désignée..... L'Empire allemand possédera ces territoires à perpétuité, en toute souveraineté et propriété. » Contrat absurde, de pure apparence, de pure forme, puisqu'il suppose le libre consentement des deux parties, et que l'une signe le genou sur la poitrine et le couteau sur la gorge; formule fallacieuse et mensongère, qu'il faut retraduire : « L'Empire allemand possédera ces territoires, tant qu'il sera assez fort pour les garder et la France assez faible pour y consentir. » La force ne crée pas le droit, elle reste la force, et le fait qu'elle a posé et qu'elle soutient tombe et disparaît avec elle.

Sans doute, l'Alsace, pendant des siècles, avait fait partie du Saint-Empire et avait été plus ou moins mêlée à son histoire. Mais l'Empire germanique n'était pas un Etat moderne et moins encore une nation. Il comprenait des principautés, des évêchés, des électorats, des villes libres, qui avaient leurs lois, leurs coutumes, leur vie propre et qui ne lui étaient rattachés que par le lien d'une suzeraineté plus ou moins nominale. En 1648, lors de la signature des traités de Westphalie, l'Empire cède l'Alsace à la France, en récompense de la protection accordée par le roi aux princes protestants d'Allemagne. Cette transmission de suzeraineté n'avait rien alors qui fut contraire au droit des gens. Les peuples ne s'appartenaient point à eux mêmes, et les provinces, sans avoir même la pensée d'une protestation, passaient de main en main par contrat, par mariage, par héritage, par ruse ou par violence. La sagesse du gouvernement royal, qui respecta leur langue, leurs traditions, leur religion, fit aussitôt des Alsaciens de bons et fidèles sujets. La Révolution acheva l'œuvre de la royauté : la suppression des privilèges, des droits féodaux, de toutes les complications et de toutes les inégalités de l'ancien régime, fut accueillie avec enthousiasme. D'esprit démocratique, le peuple d'Alsace, au jour de la Fédération, se donna de cœur à la France, se lia à elle par un acte de volonté formelle. La part qu'il prit à la grande épopée révolutionnaire et impériale fortifia ces sentiments par le souvenir des épreuves et des gloires communes : à Strasbourg, chez le maire Dietrich, Rouget de l'Isle chanta pour la première fois la *Marseillaise,* l'hymne national de la France nouvelle, et de ses villes et de ses villages sortirent quelques-uns des plus fameux généraux de l'époque héroïque : Kléber, Kellermann, Rapp, Lefebvre, Ney, Lassalle, Richepanse. Dans cette union intime et volontaire, par son sens de la mesure et son goût de la liberté, par sa sagesse et son esprit d'entreprise, par son sens social, par son rare mélange d'ingéniosité, de malice et de profondeur, l'Alsace devint un élément nécessaire à l'équilibre moral de la France.

Mais l'Allemagne ne se résigne pas, elle se refuse à admettre que des Allemands puissent s'unir même librement à la France. Chaque fois qu'une occasion possible se présente, dans la terrible année 1709, quand Louis XIV est aux abois, au cours du dix-huitième siècle, en 1792, quand les Prussiens passent la frontière, elle tente de revenir sur la cession consentie par le traité de Westphalie. Elle ne laisse pas prescrire sa protestation et le droit qu'elle s'arroge sur des gens qui parlent sa langue.

En substituant au roi la nation et en faisant de la nation une union de citoyens libres, la Révolution éveilla chez les peuples la conscience et la volonté de l'indépendance : un peuple n'est pas une chose qui se transmet, se vend ou se vole ; il est une personne morale qui a droit au respect. Les armées de la République portèrent à travers l'Europe cette idée du droit nouveau. En violant le sentiment national par sa volonté brutale d'universelle hégémonie, Napoléon l'exaspéra. Il écrasa la Prusse, il tint garnison à Berlin ; il remania, à son gré, la carte de la Confédération germanique ; il y découpa des royaumes, les groupa à sa fantaisie ; il y leva des soldats et les envoya mourir en Russie. Cette dure leçon révèle à l'Allemagne la cause de sa faiblesse et qu'elle est dans son particularisme, dans les compétitions et les jalousies de ses petits Etats. De ce jour, elle se conçoit et elle se veut elle-même. Au bruit des tambours de Napoléon, Fichte, avec une noble audace, prononce les fameux *Discours à la Nation allemande*, où, pour relever son courage, il exalte son orgueil. « La nation allemande » est désormais une idée vivante, agissante ; son unité n'est pas faite, mais elle existe dans la pensée des savants et des philosophes, dans la volonté des patriotes, dans les ambitions des hommes d'Etat. En 1813, après la retraite de Russie, l'Allemagne se lève pour la guerre de l'Indépendance. Les armées françaises ne sont pas encore chassées, elles occupent encore Hambourg, Lübeck, Dantzig, les grandes villes allemandes que déjà, des voix ardentes et passionnées s'élèvent pour dénoncer le traité de Westphalie, qui reconnaît et sanctionne la souveraineté de la France sur une terre allemande. Dans sa brochure : *Der Rhein Deutschlands Strom, nicht Deutschlands grenze* (le Rhin fleuve, non frontière d'Allemagne), le poète Moritz Arndt revendique avec véhémence l'Alsace et exige que « la frontière s'étende aussi loin que résonne la langue allemande ». Brochures, poésies, articles de journaux reprennent ce thème, le développent, l'amplifient, dans un singulier mélange d'ardeur et de pédantisme. Les princes, les généraux, les ministres sont animés des mêmes passions. Tous attendent de la victoire et de la diplomatie la réalisation des espérances nationales. La Révolution avait proclamé le droit des peuples à disposer librement d'eux-mêmes; déjà, l'Allemagne lui oppose le droit historique, qui fausse et renverse le principe des nationalités, une politique d'annexion, fondée sur la linguistique, sur l'ethnographie, où la science n'est que l'hypocrisie de la force. Lors de la chute de Napoléon, les rivalités des puissances alliées sauvèrent la France qui, après vingt ans d'une guerre presque ininterrompue, affaiblie, saignée, rentra dans ses frontières de 1789.

L'Alsace restait française, mais elle ne cessait d'être un objet de compétition et d'envie. L'opposition de l'Autriche et de la Prusse, les justes défiances des Etats du Sud contre l'ambition des Hohenzollern, laissaient aux revendications toujours reprises et formulées un caractère théorique. Mais, à partir de 1866, les événements se précipitent. La bataille de Sadowa annihile l'Autriche, agrandit la Prusse et lui confère la présidence de la Confédération du Nord. Une guerre contre la France, couronnée par la conquête de l'Alsace, devait cimenter l'unité de l'Allemagne et assurer l'hégémonie à la puissance militaire, qui l'aurait conduite à la victoire et, seule, pourrait lui en garantir les fruits. Napoléon III est à peine tombé dans le piège, que lui a tendu Bismarck, qu'avant tout événement décisif, les intellectuels allemands, les Strauss, les Mommsen, comme en 1813, dans les journaux, dans des brochures, dans des lettres publiques, posent la question de l'Alsace et démontrent que cette terre d'Empire doit revenir à l'Allemagne, quelle que puisse être sa volonté, par cette seule raison qu'elle en a fait partie dans le passé.

II

Le droit de conquête et le droit des peuples.

I. LA DOCTRINE ALLEMANDE : TREITSCHKE

Dans les *Preussiche Jahrbücher* (Annales prussiennes), Treitschke, le théoricien de l'Etat divinisé, élevé par essence au-dessus de la morale et du droit, expose la thèse de l'Allemagne. D'origine slave, Treitschke n'est pas un spéculatif, un abstrait. il est un homme d'action, un militant, qui manie ses arguments comme des armes. dans une objection ne voit qu'un obstacle, et garde dans son style l'accent d'une éloquence impérieuse. Il intitule son article : *Was fordern wir von Frankreich?* (qu'exigeons-nous de la France?), et, au moment où il aiguise ses dents et fait ses ongles, en toute tranquillité de conscience, il prend pour épigraphe ces vers d'Ulrich de Hutten : « Dis-moi, loup, quand es-tu rassasié? Ne penses tu pas que doive venir un jour, encore caché pour toi, où il te faudra revomir ta proie? »

Le voleur a toujours des arguments, et qui ne changent guère, à faire valoir contre sa victime. Avec son esprit de désordre, son instabilité politique, sa folie révolutionnaire, sa frivolité, ses mœurs contagieuses, la France est une menace et un danger pour l'Europe. Contre la tradition napoléonienne, contre la politique du caprice et de la violence, la Prusse se lève seule pour prendre en mains la cause des peuples qui n'ont pas le courage d'entrer à ses côtés dans la bataille : « comme il y a cinquante-sept ans, les Allemands sont transportés par le sentiment qu'ils sont appelés à combattre pour la liberté du monde ». Il faut que soit réduite à l'impuissance la nation turbulente qui, par vanité inquiète, apporte son fagot à tout incendie. « Le monde anxieux voit déjà, dans la semence sanglante de cette guerre, lever une nouvelle moisson de guerres. Nous devons à l'Europe une assurance durable de paix entre les peuples, et nous ne la lui donnerons, aussi loin que portent les prévisions humaines, que si des passages fortifiés des Vosges les canons allemands regardent le pays welche, et que si nos armées en quelques marches peuvent descendre dans les plaines de Champagne ; que si les dents sont arrachées à la bête de proie et que si la France, affaiblie, n'ose plus nous attaquer. Notre peuple est pacifique, tout nous interdit d'abuser de la force militaire. » Cet apologiste du militarisme prussien et de la politique bismarckienne n'a pas prévu que la folie pangermaniste, avant cinquante ans, retournerait contre l'Allemagne et, dans les mêmes termes, les accusations qu'il élève contre la France.

Cependant, il faut bien en venir à avouer l'intérêt particulier, l'intérêt exclusivement allemand, que déguisent ces belles phrases sur l'intérêt général de l'Europe. L'Allemagne veut abuser de sa victoire, démembrer la France, lui enlever l'Alsace-Lorraine. A quel titre et de quel droit ? Le plus loyal serait d'invoquer tout simplement le droit du loup qui n'a pas mangé à sa faim et qui risque l'indigestion. Treitschke ne s'y résigne pas, et, pour justifier le vol prémédité, il apporte les arguments qui, par une nécessité logique, se retrouvent sous la plume de tous ceux qui prétendent justifier le même crime.

Le voleur ne vole pas, il se saisit de ce qu'il juge lui être nécessaire. Un peuple a « le droit » de prendre « les garanties nécessaires à sa sécurité ». Strasbourg entre les mains des Français, c'est la route ouverte à l'invasion, une perpétuelle menace. Chaque été, le corps français du génie s'exerce à jeter sur le Rhin des ponts de bateaux : « une telle frontière est une honte pour un peuple fier ». L'histoire du passé, les incursions répétées de l'ennemi, les ravages, dont le beau pays rhénan garde les traces, tout montre la nécessité et impose l'obligation de soustraire l'Allemagne au danger toujours suspendu sur elle et, par une rectification de frontières, de lui assurer enfin la paix dans la dignité.

Aussi bien l'annexion de l'Alsace n'est pas une conquête, elle est une reprise : la reprise par l'Allemagne de ce qui n'a pas cessé d'être partie de son patrimoine, de terres et de populations qui, il y a deux cents ans, — un jour dans l'histoire d'un peuple, — lui ont été ravis par la force et la perfidie. Treitschke n'en est pas à la folie du pangermanisme; il reconnaît qu'il y aurait quelque chose d'imprudent et d'injuste à élever des prétentions sur des terres vraiment françaises, comme la Bourgogne, la vallée du Rhône ou même les Flandres, et « qu'il serait aussi ridicule de revendiquer Lyon et Arles, sous le prétexte que l'aigle impérial flotta jadis sur leurs murailles, que de revendiquer le vieux droit de suzeraineté sur l'Italie ». D'autre part, « dans aucun pays de l'Europe, la frontière politique ne se confond entièrement avec la frontière linguistique ». L'Allemagne, outre les pays proprement allemands de la France, doit exiger ce qui est indispensable à leur sécurité, les deux villes fortes, qui en sont le bastion et le boulevard : Metz, qui couvre le cours de la Moselle ; Belfort, qui commande l'ouverture entre le Jura et les Vosges.

Le droit de l'Allemagne se fonde sur la nature et sur l'histoire : sur la nature, — l'ethnographie, la linguistique, les caractères de la race, sa structure et son tempérament, son dialecte, tout atteste ce que nul ne nie, que la population de l'Alsace est une branche de la grande souche germanique ; sur l'histoire, — durant dix siècles, l'Alsace a été mêlée intimement à la vie artistique, morale, religieuse de l'Allemagne ; elle a les mêmes traditions, les mêmes légendes ; au moyen âge, elle lui a donné des poètes, des chanteurs, des peintres. dont elle s'honore : Gottfried de Strasbourg ; Martin Schongauer de Colmar ; à la Renaissance, des érudits et des humanistes ; lors des grandes luttes de la Réforme, des prédicateurs et des martyrs. Aujourd'hui encore, dans ses coutumes, dans ses mœurs, dans ses fêtes nationales, dans ses sapins de Noël, survivent ces impressions de la première enfance et de la jeunesse, que deux siècles de domination française n'ont pu abolir. « Le droit des peuples ne connaît aucune prescription ».

Pour les théoriciens de la conquête germanique, le droit des peuples n'est pas le droit que chaque peuple a de disposer de lui-même : c'est le droit pour le plus fort d'absorber dans son unité politique et territoriale toutes les petites nations qui parlent sa langue et font partie du même groupe ethnique. Dans sa lettre à Mommsen, Fustel de Coulanges relevait ce contre-sens : « Vous invoquez le principe de nationalité, mais vous le comprenez autrement que toute l'Europe. Suivant vous, ce principe autoriserait un Etat puissant à s'emparer d'une province par la force, à la seule condition d'affirmer que cette province est occupée par la même race que cet Etat. Suivant l'Europe et le bon sens, il autorise simplement une province ou une population à ne pas obéir malgré elle à un maître étranger. Je m'explique par un exemple : le principe de nationalité ne permettait pas au Piémont de conquérir par la force Milan et Venise, mais il permettait à Milan et à Venise de s'affranchir de l'Autriche et de se joindre volontairement au Piémont. Vous voyez la différence. Ce principe peut bien donner à l'Alsace un droit, mais il ne vous donne aucun droit sur elle. Il institue un droit pour les faibles ; il n'est pas un prétexte pour les ambitieux. Le principe des nationalités n'est pas, sous un nom nouveau, le vieux droit du plus fort. »

Les Alsaciens veulent rester Français. La volonté déclarée, connue, incontestée des Alsaciens arrête toute discussion et met fin au débat. A cette notion commune, franche et claire du droit des peuples, Treitschke oppose je ne sais quel mysticisme nationaliste, qui justifie le vol par le décret spécial de la Providence qui l'a rendu possible. Dieu dispense ses élus et ses prêtres de la simple morale humaine. « En présence du devoir qui nous incombe d'assurer la paix du monde, qui peut nous opposer que les Alsaciens-Lorrains ne veulent pas nous appartenir? Devant la sainte nécessité de ces grands jours, la doctrine selon laquelle les peuples ont le droit de disposer d'eux-mêmes, la spécieuse formule des *démagogues sans patrie*, s'effondre lamentablement. Ces pays sont à nous par le droit de l'épée, et nous prétendons en disposer en vertu d'un droit plus haut, en vertu du droit de la nation allemande, qui ne peut permettre aux enfants qu'elle a perdus de rester à jamais étrangers à l'Empire allemand. » Après un moment de surprise, les Alsaciens béniront le jour qui les a fait rentrer dans la grande famille, dont ils ont été jadis brutalement arrachés « Nous savons mieux ce qui convient à ces malheureux qu'ils ne le savent eux-mêmes; nous voulons, contre leur propre volonté, leur rendre leur « moi » véritable *(ihr eigenes elbst).* » En échange de la civilisation française, avec sa légèreté, son goût superficiel, son esprit de vaudeville, l'Allemagne offre à l'Alsace le sérieux et la profondeur d'une culture qui peut seule satisfaire les besoins et les aspirations d'une race germanique.

Ainsi, selon la thèse allemande, un peuple ne s'appartient pas à lui-même, il appartient à l'Etat qui, avec un nombre suffisant de soldats et de canons, en réclame la propriété, en apportant des titres fondés sur des sciences douteuses : ethnographie, linguistique, histoire, que chacun peut tourner dans le sens de ses intérêts et de ses passions. Un voisin turbulent et peu sûr, des frontières ouvertes à l'invasion, l'origine des noms géographiques, la mensuration des crânes, un traité signé il y'a huit cents ans entre des chefs barbares, la nature et l'histoire sont invoquées pour créer un droit qui est la négation du droit. Tous ceux qui, pour déguiser l'injustice et couvrir la violence d'un masque hypocrite, mettent en avant leur supériorité, dont ils sont seuls à ne pas douter, ce qui a pu être, ce qui n'est plus, une communauté d'existence plus ou moins longue dans le passé, des souvenirs oubliés, des sympathies éteintes, des influences abolies, sont les disciples des Treitschke, des Strauss, des Mommsen : ils peuvent parler en français, ils pensent en allemand.

2. LA DOCTRINE FRANÇAISE ET LA RÉVOLUTION

La pensée de la France s'oppose à la pensée de l'Allemagne : elle en est l'antithèse. Confus, contradictoire, offrant des arguments à toutes les causes, autorisant toutes les mauvaises querelles, le droit historique, philologique, ethnographique, n'exprime que le conflit des intérêts et des passions, qu'il constate sans le résoudre. La France professe que la justice doit régler les rapports des peuples, comme les rapports des individus, et que la paix durable n'est possible entre eux que par le mutuel respect de leur liberté. L'annexion brutale viole dans la nation le même droit que viole dans l'individu l'esclavage, celui de s'appartenir, de n'être pas traité comme une chose, simple instrument de la volonté et de la passion d'autrui.

Préparée par les philosophes du dix-huitième siècle, cette théorie juridique se précise, se formule, entre dans la conscience du peuple et dans la réalité politique avec la Révolution française. Interprète de la pensée nouvelle, Mirabeau proclame fièrement, à la Constituante, que « le droit est le souverain du monde ».

La France s'est formée, au cours d'une longue

histoire, par l'effort sage et continu des meilleurs de ses rois. En 1789, elle se recrée elle-même par un acte de sa propre volonté. Le 14 Juillet 1790, jour anniversaire de la prise de la Bastille, jour de la grande fête de la Fédération, toutes les provinces par leurs délégués renoncent à leurs coutumes, à leurs privilèges, à tout ce qui les fait différentes et inégales, et font le serment d'être désormais régies par les mêmes lois, soumises à la même constitution. La France n'est plus seulement un groupement de régions, qui trouve son unité dans l'autorité royale, elle a un même cœur et une même pensée, elle est un corps vivant et une personne morale. La Patrie n'est plus un accident historique, qui change au hasard des compétitions dynastiques, elle est intérieure au citoyen, une volonté commune, un pacte librement consenti. Dans l'*Adresse des Parisiens à tous les Français*, préambule du projet de fédération, qu'adopta l'Assemblée constituante, la Commune de Paris appelle tous les citoyens à se lier d'un lien religieux « par un serment solennel sur l'autel de la Patrie ». « Chers et bons amis, jamais des circonstances plus impérieuses n'ont invité tous les Français à se réunir dans un même esprit, à se rallier avec courage autour de la loi et favoriser de tout leur pouvoir l'établissement de la Constitution. Nous ne sommes plus Bretons ni Angevins, ont dit nos frères de Bretagne et d'Anjou ; comme eux, nous disons : nous ne sommes plus Parisiens, nous sommes tous Français... Nous avons tous juré d'être unis par le lien indissoluble d'une sainte fraternité ».

Fidèle à son esprit d'universalité, la France étend à tous les peuples le droit nouveau qu'elle institue pour elle-même. Un peuple n'est pas la chose, la propriété d'un homme, il est une conscience collective, en laquelle s'unissent et se reconnaissent des milliers et des milliers de consciences individuelles ; il est une personne morale qui porte en elle-même multipliée, magnifiée la dignité qui s'attache à la personne humaine. La nation seule est souveraine, elle s'appartient et seule peut décider de ses destinées. Il n'est pas de justice contre la justice, de droit contre le droit, et il y a quelque chose d'absurde et de contradictoire à parler d'un droit de la force, d'un droit de conquête.

Avant même que la République ne soit fondée, dans un article de la Constitution de 1791 (titre VI), « la nation Française déclare qu'elle renonce à entreprendre aucune guerre dans la vue de faire des conquêtes, et qu'elle n'emploiera jamais ses forces contre la liberté d'aucun peuple ». Le projet de Constitution Girondine, présenté à la Convention par Condorcet, dans sa séance du 15 février 1793, n'a que la valeur d'un exposé de principes. Avant que le projet n'ait pu être examiné par l'Assemblée, ses principaux auteurs, Brissot, Pétion, Gensonné, Vergniaud, étaient proscrits et portaient leur tête sur l'échafaud. Mais nous y trouvons exprimés de nouveau, et avec plus de clarté, les principes du droit nouveau : « Titre XIII, art. 1er. La République Française ne prend les armes que pour le maintien de sa liberté, la conservation de son territoire et la défense de ses alliés. Elle renonce solennellement à réunir à son territoire des contrées étrangères, sinon d'après le vœu librement émis de la majorité des habitants et dans le cas seulement où les contrées qui sollicitent cette réunion ne seront pas incorporées et unies à une autre nation, en vertu d'un pacte social, exprimé dans une Constitution antérieure et librement consentie ». Au moment où la Constitution Montagnarde est votée, le 24 juin 1793, la France, menacée par une coalition formidable, est envahie de cinq côtés à la fois; la Convention, sans même faire allusion au droit de conquête, se borne à affirmer sa résolution de vaincre : « Le peuple français ne fait pas la paix avec un ennemi qui occupe son territoire. »

Ces idées nouvelles ne restent pas lettre morte, elles sont les idées mêmes que les Assemblées révolutionnaires, de la Constituante à la Convention, appliquent dans leurs relations avec les puissances étrangères. Dans son rapport du 28 octobre 1790 sur l'affaire « des princes possessionnés » d'Alsace, Merlin de Douai déclare : « Le peuple Alsacien s'est uni au peuple Français parce qu'il l'a bien voulu ; c'est donc sa volonté, et non le traité de Münster, qui seule a consommé ou légitimé l'union ». En 1792, la Savoie, dans un irrésistible élan du cœur, s'offre, se donne à la France, demande à partager ses libertés. Les habitants des campagnes et des villes accourent au devant des armées. La municipalité de Chambéry sort de la ville, une foule immense, la cocarde au bonnet, la suit et, au chant de la *Marseillaise,* se mêle aux soldats. Interprète de la pensée commune, le syndic s'écrie : « Nous ne sommes pas un peuple conquis, nous sommes un peuple libre ». Le 14 octobre, le peuple, convoqué dans ses assemblées primaires, élit ses députés ; le 21 l'Assemblée Nationale siégeant à Chambéry transmet à la Convention l'expression de la volonté populaire. « La nation Savoisienne, après avoir proclamé la déchéance de Victor-Amédée et de sa postérité, s'est déclarée libre et souveraine », et c'est comme libre et souveraine que par ses élus « elle émet le vœu unanime d'être réunie à la République Française, non par une simple alliance, mais par une union indissoluble, en faisant partie intégrante de l'empire français... Législateurs, ce n'est point une association d'esclaves, tremblant à l'aspect des fers qu'ils viennent de quitter, qui vous supplie de la prendre sous votre protection, c'est un souverain admirateur de votre gloire, demandant à en faire réfléchir sur lui quelques rayons ». Le 27 novembre 1792, la Convention, après avoir entendu le rapport de l'abbé Grégoire, ratifie l'annexion, en insistant sur les principes qui la font légitime. « La Convention, après avoir reconnu que le vœu libre et universel du peuple souverain de la Savoie, émis dans les Assemblées des communes, est de s'incorporer à la République Française, considérant que la nature, les rapports et les intérêts respectifs rendent cette réunion avantageuse aux deux peuples, déclare qu'elle accepte la réunion proposée et que, dès ce moment, la Savoie fait partie intégrante de la République Française ».

Le 14 février 1793, un rapport de Carnot sur la réunion de la principauté de Monaco affirme une fois encore le droit des peuples à la libre disposition d'eux-mêmes: « Le droit invariable de chaque nation est de vivre isolée, s'il lui plaît, ou de s'unir à d'autres, si elles le veulent, pour l'intérêt commun. Nous, Français, ne connaissant de souverains que les peuples eux-mêmes, notre système n'est point la domination, mais la fraternité... Nous avons pour principe que tout peuple, quelle que soit l'exiguïté du pays qu'il habite, est absolument maître chez lui, qu'il est égal en droits au plus grand, et que nul ne peut légitimement attenter à son indépendance, à moins que la sienne propre se trouvât visiblement compromise ».

3. ANNEXION ET PLÉBISCITE

Napoléon Ier revient au vieux droit de la force, il en use et il en abuse; quinze ans, dans un rêve chimérique d'hégémonie, il bouleverse l'Europe, taille au gré de ses caprices des principautés et des royaumes, le tout pour amener deux fois les Cosaques et les Prussiens à Paris et pour laisser enfin la France saignée, épuisée et amoindrie. Mais la doctrine de la Révolution n'est pas abolie, elle n'a jamais cessé d'être la doctrine de la démocratie française. L'article V du préambule de la Constitution de 1848 reprend dans les mêmes termes la formule de la Constituante: « La République Française respecte les nationalités étrangères, comme elle entend faire respecter la sienne, n'entreprend aucune guerre dans des vues de conquête, et n'emploie jamais ses forces contre la liberté d'aucun peuple ». En 1849, quand le président Louis-Napoléon Bonaparte intervient en Italie pour le pape contre la République romaine, c'est au nom de cet article V que Ledru-Rollin et ses amis demandent la mise en accusation du président et font la journée du 13 juin. Au cours du dix-neuvième siècle, sous l'action des idées révolutionnaires, les peuples opprimés se réveillent, revendiquent leur indépendance et la conquièrent : l'Italie contre l'Autriche; la Grèce, la Roumanie, la Bulgarie contre la Turquie. Le droit nouveau, qui fait une place à la justice dans les relations internationales, tend à devenir, par une sorte d'aveu tacite, la loi des nations civilisées, tout au moins dans leurs rapports entre elles. Une annexion ne semble légitime que quand elle est confirmée par un plébiscite. Sous le second empire, Nice et la Savoie sont appelées à ratifier par leur vote le traité qui les cède à la France. Si claire, si manifeste que fût la volonté du peuple italien de réunir ses membres épars et d'achever son unité, le droit nouveau veut qu'elle soit positivement exprimée, et c'est par une suite de plébiscites que sont annexées d'abord au royaume de Sardaigne, puis au royaume d'Italie, la Lombardie (1859), la Toscane, Modène, Parme et les Romagnes (mars 1860), les Marches, l'Ombrie, le royaume de Naples et la Sicile (octobre 1860), la Vénétie (1866) et Rome (2 octobre 1870).

Les puissances réactionnaires n'en maintenaient pas moins obstinément la vieille doctrine de la souveraineté du prince, qui possède ses peuples en propriété et peut les aliéner, les céder ou les vendre. Le 11 juillet 1859, le prince Napoléon eut une entrevue avec l'empereur d'Autriche, François-Joseph, pour régler les conditions de la paix. Le projet français portait : « L'empereur d'Autriche cède ses droits sur la Lombardie à l'empereur des Français qui, selon le vœu des populations, les remet au roi de Sardaigne ». François-Joseph protesta : « Ce que vous appelez le vœu des populations, dit-il, je l'appelle le droit révolutionnaire, que je ne puis reconnaître. Je ne connais que le droit écrit par les traités. D'après eux, je possède la Lombardie. Je veux bien, à la suite du sort des armes, céder mes droits à l'empereur Napoléon, mais je ne puis reconnaître le droit des populations, ni rien de semblable ». Le principe despotique est ainsi clairement opposé au principe libéral et juridique, selon lequel un peuple ne peut s'appartenir qu'à lui-même (1).

Une clause, insérée dans le traité de Prague (1866), sur les instances de Napoléon III, portait que les populations danoises du Slesvig septentrional seraient rétrocédées au Danemark, si par leur libre suffrage elles exprimaient le désir d'être rendues à leur pays d'origine. Le gouvernement Prussien n'avait souscrit cet engagement qu'avec la résolution de ne jamais le tenir. La Prusse féodale ne reconnaît pas le droit des peuples, elle s'en tient au droit de la force. La guerre est un duel entre les Etats, la victoire est un jugement sans appel, le jugement de Dieu. Dieu sert à dispenser de la justice, et, comme il s'est fait une loi du silence, il encourt la responsabilité de tous les crimes qu'on commet en son nom. C'est par ce mysticisme de soudard que Guillaume Ier justifiait, après Sadowa, les annexions du Slesvig-Holstein, du Hanovre, de la Hesse-Cassel, de Francfort : « les gouvernements de ces Etats ont appelé sur eux la décision de la guerre. Cette décision, par le décret de Dieu, s'est retournée contre eux ». Laissant Dieu à ses affaires, Bismarck invoquait plus loyalement la raison d'Etat et le droit du plus fort. Comme on lui objectait au Reichstag « que la force toute nue ne suffit plus aujourd'hui pour fonder les droits et les Etats », il répliqua : « Notre droit, c'est le droit de la nation allemande d'exister, de respirer, de s'unir ; c'est le droit et le devoir de la Prusse de donner à la nation allemande la base nécessaire à son existence. »

(1) Revue des Deux-Mondes du 1er août 1909, citée par Novicow : *l'Alsace-Lorraine*, p. 48.

III

L'annexion de l'Alsace-Lorraine.

I. LES PRÉLIMINAIRES DE PAIX (FÉVRIER 1871) ET L'ASSEMBLÉE NATIONALE DE BORDEAUX. — LA PROTESTATION DES REPRÉSENTANTS DE L'ALSACE-LORRAINE ET DU PARTI RÉPUBLICAIN.

Entre la France et la Prusse il y a ainsi opposition de doctrine et de principes. « Jusqu'à nouvel ordre, écrivait un pasteur, et un pasteur pacifiste! il nous manque un terrain commun, où nous puissions nous rencontrer avec les Français. Les Français ont une conception abstraite du droit, nous en avons une matérialiste. Il est dans l'essence de l'esprit français d'appuyer toujours sur le droit des nations de disposer librement de leurs destinées. L'idée allemande du droit est différente. L'Allemand est surtout orienté dans le sens de l'histoire, il ne peut pas négliger la décision de l'histoire. »

La Prusse a toujours combattu pour elle-même et pour des fins intéressées, « elle a fait de la guerre une industrie nationale », elle a volé la Silésie, machiné le partage de la Pologne, annexé le Slesvig, l'Alsace-Lorraine, sans jamais gagner les cœurs de ceux qu'elle a contraints. L'erreur de quelques Français qui, avec la prétention de nous enseigner le vrai patriotisme, se mettent à l'école de la Prusse et nous proposent ses crimes en exemples, ne peut changer le passé, la tradition de la France, les devoirs qu'elle a acceptés devant le monde, les idées qu'elle y représente. Sans intérêt immédiat, pour la justice, la France a versé son sang sur les champs de bataille des guerres de délivrance, elle n'a pu secourir la Pologne, elle a affranchi les Etats-Unis, la Grèce, la Belgique, l'Italie, mêlé à jamais son souvenir à leurs souvenirs les plus glorieux et les plus chers.

En mars 1871, quand l'Allemagne victorieuse demandait à la France de lui livrer l'Alsace-Lorraine, elle ne lui imposait pas seulement une diminution matérielle, elle lui imposait une diminution morale. Elle lui demandait de violer le pacte de la Fédération de 1790, qui avait scellé l'unité française, de démentir ses principes, de renier par un acte sacrilège sa foi démocratique.

Il est difficile, a écrit Ernest Lavisse, de faire comprendre à des étrangers pourquoi la France ne peut se résigner à la perte de ses provinces : « c'est la loi de la guerre », disent les Allemands. Ce langage n'aurait surpris personne au siècle dernier ; aujourd'hui encore, il semble naturel aux politiciens de l'ancien régime. Mais la France, en ce siècle-ci, représente une autre politique.

Entre toutes les nations du monde, elle est rationaliste et sensible. Elle professe qu'il n'est pas permis de traiter une population d'hommes comme un troupeau de bêtes. Elle croit à l'existence des âmes de peuples. Elle a compati douloureusement aux souffrances des victimes de la force. Elle a pleuré sur Athènes, sur Varsovie et sur Venise, et n'a point donné que ses larmes aux « opprimés ». La paix de Francfort ne nous a pas laissé seulement l'humiliation de la défaite. Elle n'a pas seulement ouvert notre frontière et mis notre pays dans un état d'insécurité intolérable. En nous prenant des âmes qui étaient et voulaient rester nôtres, le vainqueur nous a blessés dans notre foi... Il a simplement usé du vieux droit de la force. Voilà qui détermine le caractère de la question d'Alsace. Elle met en présence deux états de civilisation, et nous avons, dans la défaite, un honneur singulier : le redressement du tort qui nous a été fait serait une satisfaction donnée à la raison et aux sentiments les plus généreux de notre temps (1).

L'Assemblée, élue dans les premiers jours de février 1871, voulait conclure la paix au plus vite et à tout prix, et, libre de ce souci, travailler à la restauration de la monarchie. Elle détestait, dans la

---

(1) Ernest Lavisse : Vue générale sur l'histoire politique de l'Europe, p. 215 : cité par Georges Delahache, *Alsace-Lorraine*, p. 220.

guerre désespérée, les grands souvenirs de la Révolution. Trois départements avaient nommé Garibaldi, elle refusait de recevoir dans son sein le héros de l'indépendance italienne, qui était venu combattre pour la France abandonnée et vaincue. Empêché de parler, couvert de huées, Victor Hugo en pleine séance se voyait contraint de donner sa démission. Gambetta qui, cinq mois durant, avait été l'âme de la patrie, qui avait prolongé la lutte, sauvé l'honneur, était dénoncé comme « un fou furieux ». Certes, il était bien difficile, après la capitulation de Paris, de poursuivre les hostilités, et le pays lassé, épuisé, s'était prononcé pour la paix, mais l'Assemblée, dans son impatience d'en finir à la fois avec la guerre et avec la République, commit la faute de montrer que, n'envisageant même plus l'éventualité de la résistance, elle était prête à tout céder.

Le 12 février, l'Assemblée Nationale se réunissait à Bordeaux; le 17, un député du Haut-Rhin, Keller, déposait, au nom de ses collègues, une déclaration rédigée par Gambetta et signée par tous les représentants de l'Alsace et de la Lorraine.

L'Alsace et la Lorraine ne veulent pas être aliénées... Tous unanimes, les citoyens demeurés dans leur pays, comme les soldats accourus sous les drapeaux, les uns en votant, les autres en combattant, signifient à l'Allemagne et au monde l'immuable volonté de l'Alsace et de la Lorraine de rester terre française. La France ne peut consentir ni signer la cession de la Lorraine et de l'Alsace... Une Assemblée, même issue du suffrage universel, ne pourrait invoquer sa souveraineté, pour couvrir ou ratifier des exigences destructives de l'intégrité nationale : elle s'arrogerait un droit qui n'appartient même pas au peuple réuni dans ses comices. Un pareil excès de pouvoir, qui aurait pour effet de mutiler la mère commune, dénoncerait aux justes sévérités de l'histoire ceux qui s'en rendraient coupables. La France peut subir les coups de la force; elle ne peut sanctionner ses arrêts. L'Europe ne peut ni permettre ni ratifier l'abandon de l'Alsace et de la Lorraine. Gardiennes des règles de la justice et du droit des gens, les nations civilisées ne sauraient rester plus longtemps insensibles au sort de leur voisine, sous peine d'être, à leur tour, victimes des attentats qu'elles auraient tolérés. L'Europe moderne ne peut laisser saisir un peuple comme un vil troupeau..., elle doit à sa propre conservation d'interdire de pareils abus de la force... En foi de quoi, nous prenons nos concitoyens de France, les gouvernements et les peuples du monde entier à témoin que nous tenons d'avance pour nuls et non avenus tous actes et traités, vote ou plébiciste, qui consentiraient abandon, en faveur de l'étranger, de tout ou partie de nos provinces de l'Alsace et de la Lorraine. Nous proclamons par les présentes, à jamais inviolable, le droit des Alsaciens et des Lorrains de rester membres de la nation française, et nous jurons tant pour nous que pour nos commettants, nos enfants et leurs descendants, de le revendiquer éternellement, et par toutes les voies, envers et contre tous usurpateurs.

A cette déclaration était jointe la proposition suivante : « L'Assemblée nationale prend en considération la déclaration unanime des députés du Bas-Rhin, du Haut-Rhin, de la Moselle, de la Meurthe et des Vosges. » Cette proposition était inutile et dangereuse : la discuter, c'était prévoir et admettre l'annexion ; la voter, c'était renoncer à la paix qu'on était résolu à conclure ; la rejeter, c'était avouer que le sacrifice des deux provinces était accepté d'avance.

Inquiet de l'émotion qui s'était emparée de l'Assemblée, impatient d'en finir, Thiers, rabaissant le langage et les sentiments, auxquels les esprits menaçaient de s'élever, somma l'Assemblée d'être logique avec elle-même. « Ayez le courage de votre opinion : ou la guerre ou la paix. *Tout cela est très serieux.* Pas d'enfantillage, quand il s'agit du sort de deux provinces très intéressantes ou du sort du pays tout entier. Je vous demande de vous presser. » (1). Ces paroles vulgaires, qui tournaient en dérision la générosité, ramenaient la majorité a son véritable niveau. Une commission, nommée par les bureaux, examina sans retard la proposition et, le même jour, sur le

(1) Edouard Teutsch, p. 13.

rapport de Beulé, on adopta, en séance publique, la résolution suivante : « L'Assemblée nationale, accueillant avec la plus vive sympathie la déclaration de M. Keller et de ses collègues, relative à l'Alsace et à la Lorraine, s'en remet à la sagesse et au patriotisme des négociateurs. » Selon le mot de Rochefort, « c'était un blanc-seing ». Bismarck savait qu'il pouvait tout oser, sans courir le risque d'une révolte de conscience qui aurait tout remis en question.

Se solidarisant avec les députés d'Alsace-Lorraine, les membres les plus illustres du parti républicain, parmi eux Victor Hugo, Louis Blanc, Edgar Quinet, V. Schœlcher, Benoît Malon, Ranc, Clemenceau, envoyaient, le 18 février, une adresse à leurs collègues. « Nous tenons à vous dire que les représentants de la France républicaine partagent vos sentiments et votre opinion... Nous nous déclarons, nous déclarons l'Assemblée nationale et le peuple français tout entier sans droit pour faire d'un seul de vos commettants le sujet de la Prusse; comme vous, nous tenons pour nul et non avenu tout acte ou tout traité, tout vote ou plébiscite, par lequel serait fait cession d'une fraction quelconque de l'Alsace ou de la Lorraine. »

2. LA SÉANCE DE RATIFICATION (1er MARS 1871).

En quelques jours les négociations étaient achevées; le 26, les préliminaires de paix étaient signés à Versailles; le 28, Thiers était de retour à Bordeaux, et le 1er mars, à midi et demi, s'ouvrait la séance de ratification. Le Bas-Rhin et le Haut-Rhin, la plus grande partie des départements de la Moselle et de la Meurthe, deux cantons du département des Vosges étaient séparés de la France et devenaient terres allemandes.

Louis Blanc, l'historien de la Révolution, évoqua le souvenir de cette grande époque, les victoires et le salut de la patrie contre toute espérance; il demanda que la République, fidèle à sa tradition, ramassât toutes les forces de la nation pour une lutte suprême; il somma l'Assemblée de ne pas faire une chose qui excédait son droit : « arracher la qualité de Français à des Français. » Victor Hugo parla en voyant et en prophète plus qu'en homme politique : derrière la défaite d'aujourd'hui il voit la victoire de demain, il voit la France « se redresser un jour formidable, d'un bond ressaisir la Lorraine, ressaisir l'Alsace. Est-ce tout? Non, non! Saisir — écoutez-moi — saisir Trèves, Mayence, Cologne, Coblentz, toute la rive gauche du Rhin, » pour la garder? pour la rendre à l'Allemagne en échange d'une paix fraternelle. Avec une grande dignité, aux noms de Mayence et de Coblentz, Tachard, député du Haut-Rhin, protesta : « Ces deux noms nous ont perdus, c'est pour eux que nous subissons le triste sort qui nous attend... Nous sommes Français, messieurs, et pour nous il n'y a qu'une patrie, la France, sans laquelle nous ne pouvons pas vivre. Mais nous sommes justes parce que nous sommes Français, et nous ne voulons pas qu'on fasse à autrui ce que nous ne voudrions pas qu'il nous fût fait. » D'autres orateurs prirent la parole dans un sens ou dans l'autre, Buffet, Changarnier pour la paix. Le philosophe Vacherot, de pensée hardie, de caractère timide, vint réaffirmer les principes pour mieux établir la nécessité de les sacrifier.

Dans un admirable discours, Edgar Quinet mit l'Assemblée en face de l'œuvre qu'on lui demandait d'accomplir, montra ce qu'il y avait de contradictoire, d'immoral, de vraiment monstrueux dans un contrat qui mêlait deux droits incompatibles, sanctionnant le droit de conquête au nom du droit des peuples qui en est la négation. « Jusqu'ici les conquérants se contentaient de mettre la main sur un territoire, de s'en emparer par la force. Ils le gardaient s'ils le pouvaient. C'était le droit de la guerre. Aujourd'hui, les prétentions de la Prusse sont toutes nouvelles.

Après avoir saisi l'Alsace et la Lorraine, elle prétend faire voter, consacrer cette prise de possession par le suffrage universel... Ici se montre la pensée intime des puissances nouvelles ; elles savent que tout ce qui n'est pas fondé sur les principes nouveaux, inaugurés par la France, est caduc. Faire servir une Assemblée nationale à démembrer la nation, voilà le dessein de l'ennemi. Ainsi l'esprit féodal se vengerait de nos libres institutions démocratiques en faisant d'elles l'instrument de notre ruine. C'est là la pensée de la Prusse : obliger la France de se mutiler elle-même ; faire de la France un peuple tributaire de cinq milliards, à la manière des peuples asservis de l'antiquité : voilà le droit nouveau allemand, où se mêle la haine féodale à la haine de race (1). »

Au terme, Thiers montra la France épuisée, désorganisée, le peuple incapable d'un nouvel effort, la continuation de la lutte inutile, la paix désirée et nécessaire, et l'Assemblée, par 546 voix contre 107, vota la ratification des préliminaires de paix. Les opposants appartenaient au parti républicain, qui se refusait à la fiction d'un contrat destiné à donner à l'abus de la force une apparence de justice.

Après le vote, Grosjean, député du Haut-Rhin, déclara une deuxième fois, au nom de ses collègues et de ses mandataires, que la cession des provinces, soi-disant consentie, en réalité arrachée par la violence, ne pouvait par aucun sophisme, par aucun subterfuge, prendre un caractère juridique. « ... Nous déclarons encore une fois nul et non avenu un pacte qui dispose de nous sans notre consentement. La revendication de nos droits reste à jamais ouverte à tous et à chacun dans la forme et la mesure que notre conscience nous dictera .. Nous vous suivrons de nos vœux et nous attendrons, avec une confiance entière dans l'avenir, que la France régénérée reprenne le cours de sa grande destinée. Vos

---

(1) Cité par Georges Delahache, p. 77.

frères d'Alsace et de Lorraine, séparés en ce moment de la famille commune, conserveront à la France, absente de leurs foyers, une affection filiale, jusqu'au jour où elle viendra y reprendre sa place. »

3. LE « DOGME » FRANÇAIS.

Tout était consommé. La France avait avoué le droit de conquête, contresigné sa propre mutilation. Elle avait engagé la guerre sans préparation, dans des conditions déplorables, elle était vaincue, désorganisée, elle pouvait céder devant la force, abandonner ce qu'elle ne pouvait plus défendre, mais l'Assemblée pouvait-elle, au nom même du droit des peuples à disposer d'eux-mêmes, livrer à l'ennemi, contre leur gré, deux provinces qui protestaient contre cette violence ? Le vote de l'Assemblée donnait une sorte de consécration légale à un acte de banditisme.

La France n'était pas seulement atteinte dans ses intérêts matériels, dans sa grandeur politique et militaire, elle se sentait atteinte dans sa vie morale, dans sa religion du droit. Elle n'invoquait pas ce droit par une hypocrite lâcheté, pour dissimuler sa faiblesse et son impuissance, avec l'arrière-pensée de le violer cyniquement à son tour, quand elle ne serait plus réduite à l'invoquer. Sous le coup du destin, rentrant en elle-même, revenant sur les fautes commises, elle prenait une claire et douloureuse conscience des principes que ses grandes Assemblées révolutionnaires avaient solennellement proclamés et dont elle avait plus d'une fois, au profit des autres, assuré le triomphe. Par la voix de ses savants, de ses historiens, de ses philosophes, elle dénonçait la politique de conquête ; elle affirmait qu'un peuple n'est ni une chose, ni un troupeau, qu'il est une personne ; elle fondait l'unité de l'Etat moderne non sur la contrainte, mais sur l'union volontaire des citoyens qui le composent. « Notre principe à nous, écrivait Fustel de Coulanges à Mommsen, est qu'une population ne peut être gouvernée que par les institutions qu'elle accepte librement, et qu'elle ne doit faire partie d'aucun Etat que par sa volonté et son consentement libre. Voilà le principe moderne. Il est aujourd'hui l'unique fondement de l'ordre, et c'est à lui que doit se rallier quiconque est à la fois ami de la paix et partisan du progrès dans l'humanité. »

Elevé à l'école de l'Allemagne, Ernest Renan ne s'abaisse pas à outrager les maîtres qui ont formé son esprit, dont il n'a pas cessé d'admirer le sérieux et la profondeur, Kant, Fichte, Herder, Gœthe. Il ne fabrique pas une philosophie de guerre, qui réponde aux passions de la foule, il ne confond pas les hautes spéculations de la pensée allemande avec le militarisme prussien, il garde le respect de lui-même et de la vérité. Philosophe, il a le courage de l'esprit qui a aussi sa lâcheté. Toujours il avait été d'une extrême sévérité pour la démocratie française, pour ce qu'il appelait ses abstractions et ses chimères. Mais contre le droit historique, qui sert à justifier avec la politique d'annexion tous les abus de la force, comme Fustel de Coulanges, il revient à la tradition française et invoque ces principes de la Révolution qui, faisant entrer la morale dans l'histoire, marquent un progrès décisif de la conscience humaine.

Le droit d'autrefois n'est pas le droit d'aujourd'hui. Le sentiment des nationalités n'a pas cent ans... Une union de provinces n'était autrefois qu'une translation de biens immeubles d'un prince à un prince; les peuples y restaient le plus souvent indifférents. Cette conscience des peuples, nous l'avons créée par notre Révolution ; nous l'avons donnée à ceux que nous avons combattus et souvent injustement combattus ; *elle est notre dogme.* Presque partout où les patriotes fougueux de l'Allemagne réclament un droit germanique, nous pourrions réclamer un droit celtique antérieur, et avant la période celtique, il y avait, dit-on, les Allophylles, les Finnois, les Lapons ; et avant les Lapons, il y avait les hommes des cavernes; et avant les hommes des cavernes, il y eut les orangs-outangs. Avec cette philosophie de l'histoire, il n'y aura de légitime dans le monde que le droit des orangs-outangs injustement dépossédés par la perfidie des civilisés ». La franchise de la force vaudrait mieux que cette hypocrisie du droit. La France n'admet pas les cessions d'âmes. Le seul droit est le droit qu'ont les peuples de s'associer librement et de n'obéir qu'à un pouvoir consenti par eux. Une nation ne se définit pas par la race, par la langue, par la religion; « une nation est une âme, un principe spirituel. Deux choses qui, à vrai dire, n'en font qu'une, constituent cette âme, ce principe spirituel. L'une est dans le passé, l'autre dans le présent. L'une est la possession en commun d'un même legs de souvenirs; l'autre est le consentement actuel, le désir de vivre ensemble, la volonté de faire valoir l'héritage qu'on a reçu indivis. »

Présente à l'histoire de la France, vivant dans la conscience de son peuple, consacrée par le sang versé dans les batailles, acceptée et défendue par les historiens et les philosophes les plus hostiles à la Révolution, cette doctrine est la vérité française, « le dogme » que nous ne renierions qu'en portant atteinte à l'honneur et à l'intégrité spirituelle de la patrie.

IV

L'annexion et l'attitude de l'Europe.

I. SILENCE OU COMPLICITÉ DES GOUVERNEMENTS ÉTRANGERS.

Les gouvernements, avec la clairvoyance qui caractérise leur diplomatie, acceptèrent allègrement la diminution de la France. Les victoires foudroyantes de l'Allemagne achevèrent de les éblouir et de les intimider; pas un ne se leva pour protester contre une annexion qui allait inaugurer le régime de la paix armée et faire peser lourdement sur tous l'hégémonie germanique. L'opinion des peuples ne nous était guère plus favorable. Impuissante à concilier l'ordre avec la liberté, partagée entre l'anarchie ouvrière et l'égoïsme bourgeois, la France avait cherché son salut dans la forme la plus basse de la démocratie, le césarisme. La vie brillante et frivole de Paris, la corruption étalée, l'opérette et le vaudeville, tout le mal, selon notre usage, en pleine lumière ne laissait plus voir les vertus sérieuses de la nation. Les vieilles jalousies et les vieilles rancunes trouvaient à se satisfaire dans une défaite, que beaucoup accueillaient comme une revanche.

La politique incohérente de Napoléon III, étrange confusion de velléités généreuses et de tradition bonapartiste, avait fatigué le monde. La guerre du Mexique, véritable défi à la raison, nous avait aliéné les Etats-Unis. L'Angleterre assistait à la bataille en spectatrice, s'imaginant peut-être que le roi de Prusse travaillait aussi pour elle, en affaiblissant un rival séculaire. Après nos premiers revers, Gladstone, le grand ministre libéral, sollicité par l'empereur, à l'insu de ses ministres, d'offrir à la Prusse la médiation du Royaume-Uni, se refusa à une démarche qui n'avait d'ailleurs aucune chance de succès. La Russie appuyait la politique de Bismarck qui, lors de la Conférence de Berlin, la paya de la monnaie que l'on sait. L'Autriche n'avait pas oublié Sadowa, son exclusion de la Confédération germanique, mais, sous l'œil de la Russie, elle hésitait, attendait les événements et, après nos désastres, le comte de Berst, esprit superficiel, petit caractère, jurait qu'il n'avait jamais eu pour la Prusse que « les intentions les plus amicales ». Soldat et gentilhomme, Victor Emmanuel, se rappelant que le sang français s'était mêlé au sang italien sur les champs de bataille de la guerre de l'Indépendance, offrait son concours, sous la condition d'occuper Rome, d'achever l'unité de l'Italie en lui donnant la capitale, qui résume ses gloires et symbolise ses espérances. Mais l'impératrice espagnole, fanatique et bornée, qui appelait la guerre contre l'Allemagne « sa guerre », dont l'influence funeste arrêta la retraite de Mac-Mahon sur Paris et amena le désastre de Sedan, n'était pas disposée à sacrifier à la France ce qui restait du pouvoir temporel du pape. Le prestige de la victoire et la peur achevèrent notre isolement : tout le monde se tut. Quand Thiers, en diplomate officieux, parcourut toutes les cours de l'Europe, sollicitant humblement une intervention, il ne rencontra que l'indifférence, l'hostilité, une pitié dédaigneuse, et il revint convaincu que personne ne se lèverait sur la route du destin.

Seuls, les peuples opprimés, qui avaient pris l'habitude de regarder vers la France, se sentaient atteints et vaincus par sa défaite. Les Tchèques, engagés dans une lutte difficile contre les Allemands d'Autriche, minorité en Bohême, que les victoires de la Prusse faisaient plus orgueilleuse et plus intraitable, osèrent exprimer publiquement leurs sympathies. Le 8 septembre 1870, le grand orateur tchèque Rieger, au nom des députés slaves de la diète, remettait au chancelier d'Autriche une protestation contre l'annexion prévue de l'Alsace-Lorraine : « Enlever à la France une province, dont les habitants se sentent Français et veulent rester Français, ce serait violer le droit des peuples de disposer librement de leur propre destinée et mettre la force à la place du droit. La nation tchèque ne peut pas ne point exprimer sa plus ardente sympathie à cette noble France qui défend aujourd'hui le sol de sa patrie ; elle n'oublie pas les services si nombreux qu'elle a rendus à la civilisation ; elle n'oublie pas tous les sacrifices qu'elle a faits à la défense des idées d'humanité et de liberté. »

2. LA SOCIAL-DÉMOCRATIE ALLEMANDE CONTRE L'ANNEXION. — LUTTE HÉROIQUE DE BEBEL ET DE LIEBKNECHT.

Mais, dans le silence et l'abstention des gouvernements et des peuples, c'est de l'Allemagne même que vinrent les protestations les plus énergiques contre la politique de Bismarck et la violence faite au peuple français. Nous avons le devoir de ne pas l'oublier. Peu nombreux, encore divisé en Lassalliens et en Marxistes, le Parti Socialiste ne comptait que cinq représentants au Parlement de l'Allemagne du Nord. Les petits groupements, que forment et maintiennent les convictions ardentes, ignorent les compromis, les transactions, les conflits d'intérêt et de devoir, qui amènent le fléchissement des principes. Les troupes étaient résolues et les chefs étaient braves. Sans action possible sur les événements, la Social-Démocratie fit tout ce qu'elle pouvait faire, son devoir.

Le 19 août 1870, quand le gouvernement prussien demanda au Reichstag le vote des crédits de guerre, Bebel et Liebknecht s'abstinrent et, au milieu des huées de l'Assemblée, Liebknecht sans peur donna les raisons de leur attitude : « Adversaires de toute guerre dynastique, comme socialistes et comme républicains ; membres de l'Internationale, qui combat toutes les oppressions de nationalités et s'efforce d'unir par un lien fraternel tous les opprimés, nous ne pouvons pas, ni directement, ni indirectement, accepter la guerre actuelle ».

Après la capitulation de Sedan, l'Empire tombait sous le poids de ses propres fautes, et sans combat dans les rues, sans effusion de sang, le 4 septembre 1870, la République était proclamée. Le 19 juillet, les Lassalliens avaient voté les crédits de guerre, considérant que l'Allemagne était attaquée par l'empereur Napoléon et qu'elle luttait pour son indépendance. Dès qu'ils connurent la chute de l'Empire, tous les socialistes, Lassalliens et Marxistes, se retrouvant unis, se prononcèrent contre la continuation de la guerre, « devenue une guerre offensive contre le peuple français ». Le comité directeur, qui siégeait à Brunswick, lança un appel aux ouvriers allemands, qui fut publié dans le *Volkstaat*, organe du parti :

... Après avoir subi pendant vingt ans le joug ignoble du Second Empire, le peuple français s'est réveillé dans une heure de suprême douleur, et il a repris en mains la direction de ses destinées.

Un hurrah pour la République française !

... La paix ne sera possible qu'autant que les conditions en seront entièrement honorables. C'est le devoir du peuple allemand, c'est son intérêt même d'offrir une paix honorable à la République française. C'est l'intérêt de l'Allemagne, parce qu'une paix honteuse ne serait qu'un armistice, qui cesserait le jour où la France ayant recouvré ses forces, voudrait laver l'injure qu'elle aurait subie. C'est surtout aux ouvriers allemands. qui ne voient que des frères dans les ouvriers français, qu'il appartient de réclamer cette paix honorable avec la République française. Les ouvriers allemands déclarent donc qu'ils ne souffriront pas qu'on insulte le peuple français, aujourd'hui qu'il s'est délivré de celui qui, seul, a troublé l'harmonie des deux peuples...

La politique d'annexion n'aurait d'autre effet que de perpétuer le despotisme militaire dans l'Allemagne reconstituée, et de provoquer dans l'avenir l'entregorgement de l'Allemagne et de la France.

Celui qui n'est point étourdi par le tumulte du moment actuel ou qui n'a pas un intérêt à tromper le peuple allemand, doit comprendre que la guerre de 1870 aura pour conséquence nécessaire une guerre avec la Russie, de même que la guerre d'aujourd'hui est la conséquence de celle faite en 1866. L'attitude de l'Allemagne victorieuse décidera des périls que cette guerre pourra avoir pour elle : si elle veut garder l'Alsace-Lorraine, elle trouvera unies contre elle la France et la Russie...

Nous protestons donc contre l'annexion de l'Alsace et de la Lorraine ; nous protestons au nom du Comité démocratique allemand, sûrs que tous les ouvriers allemands pensent comme nous. Les ouvriers allemands, considérant les intérêts de la France et de l'Allemagne, les intérêts de la paix et de la liberté, les intérêts de la civilisation contre la barbarie cosaque, ne souffriront pas l'annexion de l'Alsace et de la Lorraine.

Ceux qui avaient signé cette protestation n'ignoraient pas de quel prix ils le devraient payer. Le général Vogel von Falckenstein fit arrêter les membres du comité directeur et les envoya, chargés de chaînes, dans une forteresse de la frontière russe, où ils subirent cinq mois de prison préventive. Restés libres, Bebel et Liebknecht continuèrent la bataille, dans leur journal et au Parlement. Le

24 octobre 1870, Bismarck demandait au Reichstag le vote de nouveaux crédits pour la continuation de la guerre. « En pleine orgie patriotique » (Bebel), bravant les injures, les menaces, les poings tendus, Liebknecht et Bebel reprirent et soutinrent les idées du manifeste, condamnant la politique d'annexion, montrant avec clairvoyance les dangers et les maux qu'elle préparait à l'avenir. La motion qu'ils déposèrent recueillit les voix des cinq élus socialistes que comptait le Parlement de la Confédération du Nord.

Quelques jours plus tard, Lefaibvre de Behaine, envoyé comme consul à Vienne par Gambetta, adressa aux deux chefs de la Social-Démocratie une lettre, où il les remerciait et les félicitait de leur belle vaillance. Le début de cette lettre semble lui donner un caractère officiel qui ne laisse pas que de surprendre. En leur apportant leur approbation, en paraissant lier directement partie avec eux, le Gouvernement français compromettait des hommes déjà singulièrement exposés :

Messieurs,

Au nom de la République française, *dont le Gouvernement m'a accrédité comme son représentant spécial auprès de la Démocratie allemande*, je crois de mon devoir de vous remercier pour les nobles paroles que vous avez prononcées au milieu d'une Assemblée fanatisée par l'esprit de conquête et l'ivresse du militarisme. Le courage dont vous avez fait preuve à cette occasion a attiré sur vous l'attention de l'Europe entière et vous a conquis une place glorieuse parmi les champions de la liberté... C'est vous, Messieurs, vous et votre parti qui, dans cette défaillance générale, avez maintenu la grande tradition allemande. Vous êtes, à nos yeux, les grands représentants d'une nation allemande, que nous avons aimée d'un amour vraiment fraternel et que nous n'avons pas cessé d'estimer. La France vous salue, Messieurs, et vous remercie, car elle voit en vous l'avenir de l'Allemagne et l'espoir d'une réconciliation entre les deux pays (1).

(1) JEAN LONGUET : *Les Socialistes allemands et la Guerre.* Les documents sont empruntés à son intéressante brochure.

Par dessus le gouvernement légal, la République française semblait entrer en relations directes avec la démocratie et ses chefs. L'espoir d'agiter l'Allemagne et de créer dans son peuple un grand mouvement d'opinion était singulièrement chimérique. Tout l'effet de cette lettre devait être de déchaîner les passions nationalistes contre ceux à qui elle était adressée. La lettre fut connue du gouvernement allemand, lue publiquement au Reichstag par un de ses représentants, le conseiller Wagner, au milieu des clameurs de colère et d'indignation. La légèreté et l'imprudence de ce message transmis par un diplomate accrédité auprès d'une démocratie traitée comme un Etat dans l'Etat, donnaient prise à tous les outrages, à toutes les calomnies. La presse bourgeoise commença une de ces campagnes de haine et de violence, que toute générosité volontiers lui inspire ; elle dénonça Bebel et Liebknecht, les accusa d'intelligence avec l'ennemi et de haute trahison. Le 17 décembre 1870, Bebel était arrêté à son atelier et Liebknecht dans les bureaux du *Volkstaat*. Après trois mois de prison préventive, les deux inculpés furent remis en liberté provisoire. Membre du nouveau Reichstag de l'Empire reconstitué, Bebel eut le courage de protester une fois encore contre l'annexion de l'Alsace-Lorraine, « conquête funeste, qui pèserait toujours sur les rapports franco-allemands, amènerait la France à s'allier avec la Russie, obligerait l'Allemagne à maintenir des forces militaires sans cesse plus considérables. » Enfin, le 27 mars 1872, après un procès qui dura près de trois semaines, Bebel et Liebknecht étaient condamnés par la cour d'assises à deux années de prison, qu'ils firent dans les forteresses de Hubertusbourg et de Königstein. (Jean Longuet.)

Le Conseil général de l'Internationale publiait à son tour un manifeste rédigé par Karl Marx, qui, avec une admirable clairvoyance, montrait à l'Allemagne aveuglée l'abime, où nécessairement conduisait la route, dans laquelle l'ivresse de la victoire la précipitait. « L'histoire mesurera le châtiment, non au nombre de kilomètres carrés conquis sur la France, mais bien à la grandeur du crime qui aura fait revivre, dans la seconde moitié du dix-neuvième siècle, la politique de conquête. Les patriotes teutons croient-ils réellement qu'en jetant la France dans les bras de la Russie, ils assurent la liberté et la paix à l'Allemagne ? » Et Karl Marx marquait nettement l'alterternative qui, désormais, lui était imposée, « ou se faire elle même, à tout risque, l'instrument de l'extension russe, ou se préparer à nouveau à une guerre défensive, et non pas à une de ces guerres localisées, d'invention nouvelle, mais bien à une guerre de race contre les races slaves et les races latines coalisées. » Bismarck, ses diplomates et ses militaires, tous les machinistes patentés des catastrophes périodiques de l'histoire, les conducteurs de peuples qui ne sont dupes de rien que d'eux-mêmes, haussaient les épaules et, de loin et de très haut, regardaient ces prophètes qui, dans le crime heureux ne savaient que prévoir le châtiment. J'ai toujours soupçonné qu'un idéologue, comme disait dédaigneusement Napoléon, pourrait se définir un homme qui, dans Austerlitz, prévoit Waterloo et Sainte-Hélène.

La politique de l'Allemagne a obéi, en effet, à la logique impérieuse des faits qu'elle-même avait posés ; elle a oscillé entre les termes de l'alternative qui lui était laissée, d'abord amicale, puis hostile, défiante toujours à l'égard de la Russie. La guerre que Karl Marx avait annoncée est aujourd'hui déchaînée et dans les conditions mêmes qu'il avait prédites. En 1914, le Parti socialiste allemand, avec ses 4.500.000 électeurs, ses 104 députés au Reichstag, n'a pas continué la tradition glorieuse de l'infime minorité qui, en 1870, avait lutté sans défaillance. Il a manqué de franchise, d'élan, d'audace révolutionnaire, de foi dans ses propres idées. Il a accepté toutes les fictions de son gouvernement, et d'abord celle de la guerre défensive ; il a voté les crédits ; il a laissé passer, sans une protestation, la violation de la neutralité de la Belgique, les pillages, les incendies, les meurtres dont elle a été la victime innocente. Son nombre, qui paraissait sa force, a été la principale cause de son impuissance. Dans tout grand parti, il y a les faibles, les hésitants, et aussi les ambitieux qui attendent l'occasion de le trahir. La majorité a été servile, la minorité a été timide. Le parti a subi avec une docilité résignée ce qu'il se sentait incapable d'empêcher ; il s'est retrouvé uni, du moins, pour condamner, comme en 1871, la politique d'annexion, et un homme. Liebknecht, seul contre tous, contre ses adversaires et ses amis, fidèle au grand exemple de son père, a montré une fois de plus que la forme la plus rare du courage est le courage civique.

V

Les conséquences du traité de Francfort.

I. LE TRAITÉ DE FRANCFORT FUNESTE A L'ALSACE : MISÈRES DE L'ANNEXION, PROTESTATION, RÉSISTANCE A LA GERMANISATION.

C'est une chose bien remarquable que les voleurs soient toujours animés des intentions les plus pures. Ils cachent des trésors dans leurs âmes de filous : patriotisme, désintéressement, intelligence du véritable bien des autres. Le traité de Francfort devait faire le bonheur de l'Alsace, en la rendant à ses vraies destinées, donner enfin à l'Allemagne unie la sécurité, assurer à l'Europe une paix définitive. Le traité de Francfort a été funeste à l'Alsace, funeste à l'Alledeagne, funeste à l'Europe. Il y a comme une justice ms choses qui fait la fécondité du mal.

L'Alsace connut toutes les douleurs, que l'annexion

apporte avec elle. Jusqu'au 1er octobre 1872, les Alsaciens Lorrains, qui voulaient conserver la nationalité française, avaient un « droit d'option ». Droit onéreux et cruel, qui se retournait contre ceux qui prétendaient l'exercer. Tout Alsacien, qui refusait le titre glorieux de citoyen allemand, devait partir, quitter le pays, se résigner à l'exil sans espoir de retour, abandonner son foyer et la tombe de ses morts. Les existences étaient bouleversées, les cœurs étaient déchirés. Sacrifier de soi même tout ce qu'on en a confié aux autres, estime, sympathie, confiance ; redevenir quelque part l'étranger c'est mourir vraiment, avec la conscience de tout ce que cette mort enlève. Le devoir même se présentait sous la forme d'une alternative incertaine et douloureuse. Partir ou rester ? Partir pour ne pas accepter le fait accompli, pour ne pas subir le joug, pour aller mettre ses forces au service de la France mutilée, mais debout ? Rester pour protester, pour ne pas consentir, pour combattre silencieusement à son poste et garder la place en attendant la délivrance ? Surtout l'idée d'endosser l'uniforme et de coiffer le casque, d'être à la caserne un soldat prussien, était insupportable. Les familles se séparaient : les vieux demeuraient, les enfants partaient ; l'aîné restait pour continuer la tradition de la famille, diriger la maison de commerce ou l'usine ; le cadet, emportant les chères impressions de la première enfance, affrontait les chances d'une vie nouvelle, chacun, dans l'adieu, songeant avec effroi que les fils pourraient un jour se trouver face à face dans des armées ennemies. Longs efforts perdus, liens d'affection brisés, ruine et misère, angoisses de ceux qui ne seront pas là à l'heure de la maladie et à l'heure de la mort, mille douleurs perpétuées en des millions de cœurs, qui ne peuvent que laisser indifférents les politiques profonds, qui composent la félicité des peuples du malheur des individus.

L'Allemagne, avec des airs pudiques, prétendait ne

pas faire une conquête, tout au plus une reprise; elle étendait le cercle de famille en ramenant à la maison paternelle des enfants égarés depuis deux siècles, — le retour de l'enfant prodigue! Si les Alsaciens sont des Allemands authentiques, la logique veut qu'ils jouissent des droits des Allemands; qu'incorporés à l'Empire, ils forment un Etat confédéré, avec les mêmes privilèges que les Hessois, les Badois, les Bavarois. Le régime arbitraire et dictatorial, auquel ils sont soumis, dénonce le mensonge et la contradiction. L'annexion de l'Alsace n'est pas une conquête, mais l'Alsace est traitée en pays conquis; les Alsaciens sont des Allemands, mais ils sont traités en étrangers et en ennemis. Sans parlement, sans droit, sans autonomie, sans représentants au Conseil fédéral, l'Alsace n'est ni un royaume, ni une principauté, ni une république : elle est « pays d'empire », une propriété indivise; elle appartient à tout le monde, excepté à elle-même.

Elle subit le joug, elle ne l'accepte pas. Quand, en janvier 1874, elle est appelée à élire des représentants et peut élever la voix, c'est pour opposer le droit à la force, c'est pour faire entendre au Reichstag de Berlin la même protestation qu'à l'Assemblée nationale de Bordeaux. Les quinze députés élus : des protestants, des catholiques, dont l'évêque de Strasbourg et de Metz, à l'unanimité, signent une proposition qui demande que les provinces annexées soient appelées à se prononcer sur leur incorporation à l'Empire germanique. Edouard Teutsch, député de Saverne, prit la parole en leur nom à la tribune du Reichstag :

Au nom des Alsaciens-Lorrains, vendus par le traité de Francfort, nous protestons contre les abus de la force, dont notre pays est victime... La raison, non moins que les principes les plus élémentaires, proclame qu'un semblable traité ne peut être valable. Des citoyens, ayant une âme et une intelligence, ne sont pas une marchandise dont on puisse faire commerce, et il n'est pas permis, dès lors, d'en faire l'objet d'un contrat. En admettant même, ce que nous ne reconnaissons pas, que la France ait le droit de nous céder, le contrat que vous nous opposez n'a pas de valeur. Un contrat ne vaut, en effet, que par le libre consentement des deux contractants. Or, c'est l'épée sur la gorge que la France saignante et épuisée a signé notre abandon : elle n'a pas été libre ; elle s'est courbée sous la violence, et nos codes nous enseignent que la violence est une cause de nullité pour les conventions qui en sont entachées. En nous choisissant, tous tant que nous sommes, nos électeurs ont, avant tout, voulu affirmer leur sympathie pour leur patrie française et leur droit de disposer d'eux-mêmes... Il est d'usage, hélas ! lorsque, parmi vous, quelque homme généreux essaie, de temps à autre, d'élever la voix en faveur des peuples que vous opprimez, il est d'usage qu'on lui ferme la bouche, en l'accusant brutalement de trahison. Ne vous laissez pas, Messieurs, effrayer par cette injure : *Traîtres à leur patrie sont ceux qui, par une politique insensée, méprisent le droit et la justice, conduisent leur pays à sa perte, et non les honnêtes gens qui, pénétrés d'une injustice, d'où qu'elle vienne, ont le courage et la franchise de la dénoncer* (1).

Ces nobles paroles ne furent pas écoutées dans le silence, avec le sentiment de respectueuse sympathie, que la générosité ne refuse jamais au malheur : elles furent coupées de ricanements, couvertes par les huées, attitude indécente, ignoble, à laquelle restent condamnés tous ceux qui prétendront jamais couvrir une grande iniquité des apparences du droit.

Mgr Raess, évêque de Strasbourg, avait signé la proposition avec tous ses collègues ; à aucun moment, il n'avait retiré son adhésion. Quand Teutsch descendit de la tribune, Mgr Raess, à la stupéfaction de ses collègues, que rien n'avait avertis de cette trahison, se leva et prononça les paroles suivantes :

Messieurs, pour éviter tout malendu, *qui pourrait nous atteindre moi et mes coreligionnaires*, je me crois obligé dans ma conscience de déclarer ce qui suit : « Les Alsaciens-Lorrains *de ma confession* (Teutsch était protestant) n'ont, en aucune façon, l'intention de mettre en question le traité de Francfort conclu entre deux grandes nations. Voilà ce que j'ai voulu dire avant tout ».

(1) EDOUARD TEUTSCH : *Notes pour servir à l'histoire de l'annexion de l'Alsace-Lorraine.*

Les curés, députés de l'Alsace-Lorraine, voulaient protester, le Reichstag imposa la clôture de la discussion.

Si l'Allemagne avait été loyale et généreuse, si elle avait fait confiance à l'Alsace, si elle lui avait conféré l'autonomie, permis de vivre de sa vie, tout en l'associant à la prospérité matérielle de l'Empire, peu à peu les cœurs se seraient apaisés et les haines se seraient éteintes. Sans renier sa fidélité à la France, dont il fallait sentir ce qu'elle avait d'honorable, l'Alsace se serait faite à sa situation nouvelle ; elle aurait repris le rôle qu'elle avait joué avant l'annexion, rapproché deux civilisations dont elle participait, réconcilié peut-être les deux peuples, dont elle avait le privilège d'unir les deux esprits. Mais le chemin de la violence n'a pas de tournant qui ramène à la justice et à la paix. Ce libéralisme intelligent répugnait à la discipline autoritaire de l'Etat prussien, qui avait pris la suprême direction de l'Empire germanique. Par une série de mesures maladroites et brutales, le gouvernement fit tout pour empêcher la germanisation qu'il voulait brusquer. Irrité de son échec, il s'en prenait à ses victimes d'un mal dont il était seul coupable. et, pour y remédier. l'aggravait. La province était bien administrée, tout un ensemble de travaux publics bien conçus, routes, canaux, chemins de fer, l'enrichissaient. Mais le bien-être matériel ne suffit pas à consoler un peuple des blessures incessantes qui sont faites à ses sentiments intimes. La roideur des fonctionnaires allemands, la morgue des officiers, l'invasion des immigrés, le perpétuel « *verboten* », les tracasseries et les vexations d'une police sournoise, changement des enseignes, des noms de baptême, condamnation puérile des usages qui rappelaient le passé, tout jusqu'aux avances maladroites et impérieuses, faisait sentir le joug. En frappant l'Alsace, toutes les fois qu'elle voulait atteindre la France, l'Allemagne avouait elle-même la solidarité qui continuait de l'unir à son ancienne patrie. En 1895, un député pouvait encore dire en plein Reichstag : « On devrait donner à l'Alsace-Lorraine un drapeau, sur lequel figurerait une camisole de force, couronnée d'un casque de gendarme avec sa pointe ».

Cependant les années s'écoulaient ; une génération, formée par l'instituteur allemand, élevée dans l'ignorance de la France, avait grandi. La résistance peu à peu changeait de caractère, elle n'était pas vaincue. D'esprit démocratique, avec d'antiques traditions communales et le souvenir de la Révolution française, l'Alsace répugnait à la contrainte prussienne, qui fait poser l'ordre public sur une discipline de caserne. Par contraste et par opposition, l'Alsace, comme tous les peuples opprimés, revenait sur elle-même, prenait une conscience plus vive de ce que sa culture, mélange de sérieux et d'humour, de finesse et de profondeur, avait toujours gardé d'original. Elle étudiait sa propre histoire, elle recueillait dans un musée ses antiquités, elle veillait sur son dialecte, sur ses coutumes. sur ses fêtes traditionnelles, elle se donnait un théâtre national ; elle cherchait dans son passé, dans son présent, dans sa volonté d'être, ses titres à l'existence et à la liberté.

Les Bismarck. les de Molkte, les Treitschke, hommes d'Etat, militaires, historiens, tous ceux qui écrivent l'histoire avec le sang des peuples, d'un commun accord, avaient affirmé qu'avant vingt ans cette terre allemande bénirait le jour où elle avait été rendue à sa mère patrie. Après quarante ans écoulés, la Constitution de 1911, qui allongeait la chaîne sans la briser, laissait au terme toute décision à l'empereur, était l'aveu d'impuissance, la preuve que l'Alsace n'était pas moralement conquise. Sous une forme nouvelle, la lutte continuait et, dans cette lutte, dont l'avenir ne laissait pas prévoir l'issue, la ténacité alsacienne avait ses chances de victoire.

2. LE TRAITÉ DE FRANCFORT FUNESTE A L'ALLEMAGNE. — L'ALLEMAGNE SOUS LE JOUG : LE MILITARISME PRUSSIEN. — DÉCADENCE INTELLECTUELLE ET MORALE.

En dépit des apparences, en dépit des discours officiels, des cérémonies commémoratives, des colonnes de victoire, de tout ce qui éblouit les foules, jusqu'au jour où les comptes se règlent, la conquête, pour la nation conquérante autant que pour la nation conquise, a été un malheur, et un sociologue russe, Novicow, a pu écrire un livre confus, diffus, mais semé de vues très justes, sous ce titre : *l'Alsace-Lorraine obstacle à l'expansion allemande.*

Comme rançon de sa conquête, le peuple dut faire d'abord le sacrifice de sa liberté. Pour ne pas désespérer d'un pays, auquel il se sentait lié par une gratitude intellectuelle, qu'il était trop fier pour désavouer, Ernest Renan écrivait en 1870 : « La Prusse, (j'entends la Prusse militaire et féodale), aura été une crise, non un état permanent ; ce qui durera réellement, c'est l'Allemagne. L'Allemagne, livrée à son propre génie, sera une nation libérale, pacifique, démocratique même dans le sens légitime. » L'annexion de l'Alsace-Lorraine, en laissant à la frontière de l'ouest une France offensée et menaçante, contraignait l'Allemagne à accepter la domination de la Prusse, qui seule, par son Etat centralisé, par sa bureaucratie autoritaire, par sa tradition guerrière, pouvait, en brisant toute velléité d'indépendance et de particularisme, l'unifier, l'organiser, en faire une grande puissance militaire. Sans représentants à l'étranger, sans diplomatie, sans politique propre, les Etats confédérés devenaient des Etats tributaires. Le peuple docile et complice ne résista pas à la ferme direction qui coordonnait son effort. Il s'était interdit à lui-même le progrès dans la liberté. Subordonnant l'initiative individuelle à la solidarité nationale, reliant entre elles d'autorité les forces économiques, appliquant à la société industrielle. en dépit des théoriciens, la coopération réglée, la discipline collective, l'action combinée de la société militaire, la Prusse, par son socialisme d'Etat, réalisait la prodigieuse prospérité qui stupéfia le monde. L'Allemagne n'avait donc nullement. comme quelques-uns l'imaginent, sacrifié son développement intérieur à la préparation exclusive de la guerre; elle avait, dans la paix même, par la discipline et par la hiérarchie, instauré ce concert et cette concentration de ses forces. qui lui permettaient de retourner brusquement l'activité industrielle en activité militaire, l'offensive économique en offensive guerrière La mobilisation était comme l'état permanent de la nation.

Mais cette politique retombait d'un poids écrasant sur le peuple, qui avait sacrifié la liberté à la nécessité d'être fort. Elle avait pour première conséquence le militarisme, elle exigeait, avec la première armée du monde, une flotte rivale de celle de l'Angleterre. La dette grossissait, les impôts ne cessaient de s'accroître. Le travail se faisait plus dur, sans élever le niveau de la vie commune. Dans cette grande entreprise, la prime de garantie devenait formidable. L'armée n'était pas seulement le soutien de l'empire, elle en était l'exemplaire et l'idéal. Symboles vivants du grand principe de la vie nationale, la force, ses chefs étaient au-dessus des lois. Les citoyens à la caserne étaient brutalisés, maltraités, pliés à l'obéissance passive. L'incident de Saverne avait montré le mépris dans lequel les militaires tenaient le pouvoir civil, et après un sursaut de révolte la nation s'était résignée.

Remontant d'ailleurs à l'autorité impériale, comme à leur principe, les deux pouvoirs dans cette hiérarchie gardaient leur prestige, leurs limites et leur unité. L'armée était au premier rang, mais elle restait à son rang. En 1871, Victor Hugo, dans son langage apocalyptique, avait dit à l'Assemblée de Bordeaux:

« La nation victorieuse aura la consigne à l'état de dogme, le sabre fait sceptre, la parole muselée, la pensée garrottée, la conscience agenouillée ; pas de tribune, pas de presse, les ténèbres ! » En fait, l'Allemagne était devenue une grande Prusse, où l'organisation tenait lieu de liberté. Puissance rétrograde, elle tendait de plus en plus à se séparer des grandes puissances libérales ; elle devenait le modèle et l'envie de tous les partis de réaction, qui lui restent aujourd'hui fidèles et dans sa victoire souhaitent leur propre triomphe. Le malaise et le mécontentement populaires se traduisaient par l'expansion du socialisme. Mais, sans lien avec les classes moyenne et supérieure, sans influence sur la marche des affaires, tenu à l'écart « comme ennemi de l'Etat », le parti socialiste restait isolé dans la nation. De plus, sans tradition démocratique et libérale, n'ayant pas lutté dans le passé aux côtés de la bourgeoisie pour la liberté, il se modelait lui même à l'image de l'Etat qu'il combattait et apparaissait comme une force hostile, mais de même ordre.

L'Allemagne était devenue riche et puissante, elle avait perdu ce qui l'avait faite vraiment grande, le don de penser pour tous. L'egoïsme isole les nations comme les individus. Séparant l'action de ses fins supérieures, elle ne pouvait manquer de diviniser la force, à laquelle elle avait tout sacrifié. « Une des premières conséquences du traité de Francfort, écrit Novicow, a été de produire en Allemagne une foi illimitée dans la force brutale. D'une part, on s'y est imaginé que la force brutale peut tout faire et doit tout faire. D'autre part, on s'y est imaginé que cette force brutale, on l'aura toujours et que les autres nations ne l'auront jamais ». Convaincue que, par droit divin, la victoire lui était réservée jusqu'à la fin des siècles et décidée à mettre à profit ce privilège pour prendre ses aises sur la terre, l'Allemagne dirigeante considérait toute institution juridique internationale comme une atteinte portée à son droit de prise (1). En 1899, lors de la première conférence de La Haye. le comte de Münster déclare « que sa convocation est une ruse politique, la plus abominable ruse qui fut jamais employée. » Elle n'a pour objet que de faire perdre à l'Allemagne les avantages que lui assure, contre la France et la Russie, la rapidité de sa mobilisation. Exprimant l'opinion de l'Empereur, le délégué allemand disait : « L'institution d'un tribunal international est inconciliable avec la souveraineté d'un monarque. Un souverain, selon la grâce de Dieu, ne pourrait pas songer un seul instant à se dépouiller d'une part si essentielle de la souveraineté, c'est-à-dire du droit de diriger la nation dans les temps critiques. » Tout de même, l'institution de la gendarmerie et de la magistrature s'est faite contre le droit, que tenaient de Dieu les voleurs, de s'emparer du bien d'autrui, quand ils en avaient la force et le pouvaient faire impunément. Toute tentative pour organiser juridiquement les rapports internationaux s'est heurtée d'abord à la résistance de l'Allemagne : elle a refusé de mettre en discussion la limitation des armements, sous le prétexte « que les armements sont une question d'ordre intérieur », dont un Etat ne doit compte à personne ; en 1891. elle a fait échouer l'arbitrage obligatoire ; en 1907, l'arbitrage universel.

Condamnant les peuples à vivre dans une perpétuelle inquiétude, sous la menace d'un empire, qui

---

(1) « Tout comme je ne cesse de dire à mes amis de France que les Allemands nourrissent à leur égard les dispositions les plus pacifiques, je dois donner aux Allemands une assurance analogue concernant les Français, car telle est la pure vérité. Français et Allemands sont également pacifiques, mais se soupçonnent réciproquement, parce que les deux peuples sont également trompés par des écrivains et des politiciens imbéciles et criminels. Celui qui dépeint l'une des nations à l'autre comme désirant la guerre, celui-là est l'ennemi dangereux de sa patrie et devrait réellement être poursuivi pour haute trahison. » (IGNOTISSIMUS : *Une voix d'Alsace*, en allemand et en français ; A. Colin, 1896).

ne reconnaît de limite à son droit que celle de sa force et qui croit sa force sans limite, elle s'aliénait de plus en plus les esprits et les cœurs. Au dix-neuvième siècle, elle avait été l'institutrice du monde ; par ses philosophes, par ses poètes, par ses musiciens, elle avait exercé une hégémonie sans violence. Son génie s'était vite abaissé au niveau de ses pensées et de ses ambitions nouvelles. Certes, elle faisait figure encore dans le monde, elle avait des érudits consciencieux, qui achevaient l'œuvre critique de leurs glorieux précurseurs, des savants, qui reliaient ses laboratoires à ses usines ; elle fournissait des professeurs aux universités étrangères ; elle restait le peuple le plus instruit de l'Europe, mais, ramenée sur elle-même, sans originalité, sans grande inspiration, elle avait perdu le privilège des hautes pensées, qui découvrent de nouveaux points de vue sur le monde et sur la vie. Le temps n'était plus où les plus grands esprits, chez tous les peuples, se tournaient vers elle et lui demandaient l'aliment de leur vie spirituelle. En cessant d'être humaine, elle avait cessé de parler pour tous les hommes. Sans optimisme, sans espérance, elle ne gardait de sa tradition d'idéalisme que le sophisme, qui divinisait sa puissance et ses appétits. On en venait à se défier de doctrines qui autorisaient de pareilles conséquences. Plus que les œuvres de ses poètes, on traduisait les livres de ses généraux, leur théorie de terrorisme et de dévastation, mais pour la déshonorer. Le monde ainsi se retirait d'elle. La crainte qu'elle inspirait atténuait seule l'expression de l'antipathie et de la haine qu'elle sentait peser sur elle. Elle s'étonnait et s'indignait de n'avoir pas trouvé dans la victoire la pleine sécurité qu'elle en attendait. Comme le mauvais riche, elle accusait la jalousie de voisins incapables et malveillants. Fière de son labeur et de sa prospérité, sûre de sa force, elle en venait à se croire supérieure à tous, élue de Dieu pour la domination, et, chez une minorité sans doute, mais bruyante et disposant des grandes forces sociales, cette ambition contrariée, cet orgueil inquiet devenait le pangermanisme, une volonté de conquête démesurée et de victoire définitive, qui donnât enfin la securité dans la jouissance.

3. LE TRAITÉ DE FRANCFORT FUNESTE A L'EUROPE : LA PAIX ARMÉE.

Malheur pour les provinces conquises, cause d'abaissement et de recul pour l'Allemagne, l'annexion de l'Alsace-Lorraine n'a pas eu pour l'Europe des conséquences moins déplorables. « Si l'Allemagne, écrit Novicow, avait adopté le principe de la liberté des nations et la politique du plébiscite comme base de son traité de paix avec la France, l'orientation de la politique européenne changeait entièrement et l'Europe s'acheminait rapidement vers l'union. » Le droit des peuples était consacré, il se substituait au droit de conquête, au moins dans les relations des nations civilisées entre elles. Le premier principe d'un ordre juridique international était posé. Les hommes d'Etat de la Prusse en ont décidé autrement. La force ne doit de comptes à personne, elle est divine comme l'inondation et le tonnerre. La justice n'est que l'hypocrisie des faibles ; le droit d'un peuple se mesure à ce qu'il est en état de défendre. Ne croyant qu'à la force, prétendant en être à jamais dépositaire, l'Allemagne multiplie ses soldats, ses canons et ses vaisseaux. Sous la menace, il faut bien la suivre dans cette course à l'abîme. Les budgets de la guerre dans tous les Etats s'enflent démesurément, et la paix armée pèse sur tous aussi lourdement que sur elle : c'est ainsi que les armements sont une question d'ordre purement intérieur. Le militarisme prussien devenait une sorte de modèle que de gré ou de force il fallait imiter. L'Europe dut vivre un demi siècle dans ce cauchemar.

En même temps l'annexion de l'Alsace-Lorraine faussait toute la politique européenne. Les esprits les plus clairvoyants et les plus sages avaient rêvé entre la France, l'Allemagne et l'Angleterre, une alliance « dont l'effet eût été de conduire le monde dans les voies de la civilisation libérale » (Renan), de diriger la Russie en la contenant. Cette alliance « dont la rupture est un deuil pour le progrès » (Renan), n'était plus possible par l'aveuglement des hommes d'Etat, qui avaient fait de la France et de l'Allemagne des ennemis irréconciliables. Un rapprochement dès lors s'imposait, que les grands politiques à courte vu ecroyaient avoir à jamais prévenu, parce qu'ils l'avaient un instant conjuré, le rapprochement de la France et de la Russie. Les avertissements n'avaient pas manqué, quand il était temps encore de les donner, l'ivresse de la victoire n'avait pas permis de les entendre. Karl Marx avait montré l'égal danger pour la Prusse de servir ou de contrarier l'expansion de la Russie ; avec non moins de force et de pénétration, Ernest Renan, dans sa lettre à David Strauss, avait montré les peuples Slaves, jeunes, ardents, les forts de l'avenir, prenant un jour sur l'Allemagne la revanche des leçons qu'ils en avaient reçues. « Vos journaux ne voient pas une montagne qui est devant leurs yeux, l'opposition toujours croissante de la conscience slave à la conscience germanique, opposition qui aboutira à une lutte effroyable... L'Allemagne s'est comportée avec la France, comme si elle ne devait jamais avoir d'autre ennemie. Or le précepte du vieux sage : *ama tanqum osurus*, doit aujourd'hui être retourné ; il faut haïr, comme si l'on devait être l'allié de celui qu'on hait ; on ne sait pas de qui on devra quelque jour rechercher l'amitié. » L'alliance franco-russe était dans la logique des faits, elle se conclut à son heure.

Emporté par son propre mouvement, ayant besoin de débouchés assurés pour sa production à outrance, l'Allemagne entra résolument dans ce que M. de Bülow appela la politique mondiale (Weltpolitik). Elle trouvait les marchés ouverts, elle voulait des marchés qui ne pussent lui être fermés. Elle se plaignait de n'avoir point « sa place au soleil », elle voulait un empire colonial en rapport avec sa situation économique et militaire. Aux droits acquis elle opposait le droit que lui conféraient et la possibilité de prendre ce qui lui convenait et sa capacité d'organiser ce qu'elle prendrait. L'empereur déclara dans une formule qui devint un mot d'ordre : « notre avenir est sur l'eau ». Il demanda de nouveaux sacrifices à son peuple, d'année en année il amplifia son programme naval, cuirassés, croiseurs, torpilleurs, sous-marins, se hâtant vers le jour où il pourrait disputer la maîtrise des mers. Condamnée par sa situation à garder l'Océan libre à ses vaisseaux sous peine de mourir à la lettre de faim, l'Angleterre s'émut, mais pacifique, assagie par une longue histoire, proposa une limitation réciproque des armements qui laissât à sa marine une supériorité, que sa situation lui imposait de maintenir. Les conditions que posait la diplomatie allemande ne permirent pas aux négociations d'aboutir. L'Allemagne s'était aliéné l'Angleterre, comme elle s'était aliéné la France. La triple entente fut conclue, les grandes puissances divisées en deux groupes hostiles, dont chacun affirmait sa volonté de la paix en préparant la guerre. Des écrivains insolents, dont les coups de gueule couvraient les protestations timides des gens raisonnables, achevaient d'exaspérer l'orgueil germanique et les inquiétudes des peuples menacés. L'Europe était de plus en plus livrée aux brouillons, aux turbulents, aux chercheurs d'aventures, qui en trois semaines sont à Paris, à Berlin, à Moscou, et conduisent, le cœur léger, les peuples au désastre.

L'Allemagne se voyait entourée d'ennemis et, confiante dans sa force, elle épiait l'heure favorable pour briser le cercle qui se formait autour d'elle. Renan lui avait prédit qu'elle se condamnait à en venir là : « l'outrance est mauvaise, l'orgueil est le seul vice qui soit puni en ce monde... Toute nation exerçant l'hégémonie prépare par cela seul sa ruine, amenant la coalition de toutes contre elle. » Elle a pris l'initiative d'une guerre préventive, elle en portera la responsabilité. Mais la guerre n'a pas été un accident ; ses causes lointaines, qui sont ses causes réelles et déterminantes, sont avec le traite de Francfort la politique de ruse et de violence, dont l'Europe n'a pas su s'affranchir. Incapables de s'élever à l'idée d'une politique continentale et d'en comprendre l'impérieuse exigence, se complaisant dans des rivalités et des divisions, qui allaient à l'impuissance et à la perte commune, ses hommes d'État, contre l'instinct profond des peuples, ont été tous d'accord pour suivre la voie qui menait à la guerre. Par leur faute et leur aveuglement, l'Europe ne prendra conscience d'elle-même que pour constater son abaissement en face des grandes communautés américaine et asiatique, qui s'enrichissent en lui fournissant les moyens de se détruire.

V

Conclusion.

I. LA FORCE NE CRÉE PAS LE DROIT : L'ALSACE-LORRAINE N'A JAMAIS CESSÉ D'ÊTRE FRANÇAISE.

Funeste à ceux qui l'ont imposé comme à ceux qui l'ont subi, funeste à l'Europe et au monde, le traité de Francfort est aujourd'hui déchiré. Après plus d'un an de guerre, l'Allemagne peut encore se dire victorieuse, elle occupe la Belgique et le nord de la France, elle tient la Pologne et la Courlande, elle refoule les armées russes, mais elle s'épuise dans un effort qui se renouvelle toujours sans aboutir jamais. A son tour elle connaîtra le droit du plus fort, ou mieux elle apprendra que la force ne suffit pas à créer un droit. « Sitôt que c'est la force qui fait le droit, dit J.-J. Rousseau, l'effet change avec la cause : toute force qui surmonte la première succède à son droit... Puisque le plus fort a toujours raison, il ne s'agit que de faire en sorte qu'on soit le plus fort. Or qu'est-ce qu'un droit qui périt lorsque la force cesse?... Le mot de *droit* n'ajoute rien à la force : il ne signifie ici rien du tout. » De la force au droit il n'y a point de passage, parce qu'il est d'un autre ordre.

Pas plus aujourd'hui qu'hier nous ne professons la doctrine allemande, nous entendons rester fidèles à nous-mêmes, garder le sens et le respect du droit dans la possession et l'usage de la force. L'annexion de l'Alsace-Lorraine ne sera pas une conquête, elle sera le retour à l'état juridique et légal. En toute sécurité de conscience et sans manquer à ses principes, la France victorieuse pourra retourner contre ses adversaires la proposition qu'ils s'entêtaient à lui opposer : il n'y a pas de question d'Alsace-Lorraine. Le jour où la France pourra faire rentrer les provinces perdues dans le sein de la patrie française, la question n'existera plus, parce qu'elle aura reçu une solution conforme à la justice et au droit des peuples.

Mais, après un demi siècle, les circonstances ont changé, les sentiments se sont modifiés, la vie économique s'est transformée, amenant de nouveaux intérêts et de nouveaux besoins, ne serait-il pas dès lors conforme à l'équité de consulter les populations et de remettre leur sort entre leurs propres mains? Les socialistes allemands, opposés à toute politique d'annexion, ne manquent pas de reprocher aux socialistes français leur adhésion à la reprise pure et simple de l'Alsace-Lorraine comme un abandon de leurs principes. L'argument n'a de valeur que si l'on admet que la force peut changer un état de droit en créant un droit nouveau. Admettre le plébliscite, ce serait reconnaître le droit de conquête, accorder que le temps suffit à le faire valable, ce serait admettre la légimité de la spoliation, en consentant à ses effets, justifier la persécution, en acceptant ses résultats et ses conséquences.

Les difficultés pratiques, qui s'opposeraient à une consultation plébiscitaire, résultent elles-mêmes de l'acte de violence, qui est au principe de la conquête, et n'en permettent que l'annulation (1). Quels seraient les citoyens appelés à se prononcer et à décider par leur vote du sort des provinces? En 1871, les Allemands par une mesure brutale, ont obligé des milliers d'Alsaciens à quitter leur patrie sans espoir de retour, deux cent mille, deux cent cinquante mille peut être ont abandonné leurs foyers et leurs biens. Leur fidélité à la patrie française leur a-t-elle fait perdre à eux ou à leurs descendants, tout droit d'intervenir, à l'heure où redevient possible l'union à laquelle ils ont voulu tout sacrifier? Pourrons-nous admettre qu'ils soient à jamais dénationalisés, exclus de la communauté alsacienne, à laquelle ils n'ont jamais cessé d'appartenir par le cœur et par la volonté? Est-il possible, d'autre part, que 4 ou 500.000 immigrés, sans liens moraux avec l'Alsace, colons étrangers, agents de germanisation, soient appelés à sanctionner la conquête et leur propre domination?

Le plébiscite reviendrait à la reconnaissance de l'état de fait, créé par la conquête, et c'est une raison suffisante pour que nous le repoussions. Nous n'admettons pas le droit de guerre. Il n'y a pas pour nous de question d'Alsace-Lorraine, parce que, à aucun moment, l'Alsace-Lorraine ne s'est avouée allemande et n'a donné son consentement à l'annexion. La protestation a changé de caractère, parce qu'elle a dû s'adapter à des conditions nouvelles, elle n'a pas

---

(1) Voyez : Almanach de la Paix par le droit, 1915. Maxime Leroy : la *France devra-t-elle faire ratifier par un plébiscite la conquête de l'Alsace-Lorraine?*

cessé de se faire entendre. Il n'y a pas de question d'Alsace-Lorraine, parce que le pacte qui lie ces provinces à l'empire germanique a été vicié dès le premier jour et reste sans autorité et sans valeur. Les paroles prononcées en 1871 par les représentants à l'Assemblée de Bordeaux, reprises par Edouard Teutsch au Reichstag de Berlin, tranchent la question : « nous prenons nos concitoyens de France, les gouvernements et les peuples du monde entier à témoin que nous tenons d'avance pour nuls et non avenus tous actes et traités, vote ou plébiscite, qui consentiraient abandon, en faveur de l'étranger, de tout ou partie de nos provinces d'Alsace Lorraine. » L'Alsace-Lorraine redevient française, parce qu'elle n'a pas cessé de l'être.

2. TOUTE ANNEXION SERAIT CONTRAIRE AUX PRINCIPES DE LA RÉPUBLIQUE, AUX INTÉRÊTS ET A L'HONNEUR DE LA FRANCE.

Nous avons des gens à qui l'acte de réparation ne suffit pas ; ils veulent aller plus loin et revendiquent l'honneur de commettre l'injustice à leur tour. Il y a quelques Conventionnels égarés dans notre petite république qui reprennent la rive gauche du Rhin par fidélité à la tradition révolutionnaire. Quand les coalisés forçaient la frontière, la Convention se contentait de dire : « le peuple français ne conclut pas de traité de paix avec un ennemi qui occupe son territoire ». L'argument d'autorité est un argument de théologien qui se réfère à un texte sacré. La Convention nous est chère, parce que menacée au dehors par l'étranger, trahie au dedans par les fauteurs de guerre civile, dans un sursaut d'énergie elle a soulevé la nation, organisé la défense et sauvé la patrie. Voilà ce qu'il faut garder et ce qu'il faut imiter d'elle, mais ses fautes ne deviennent pas par là des exemples. Nous ne cherchons pas dans la Terreur un argument pour faire de la guillotine et de l'assassinat politique le complément du régime parlementaire. Nous avons vu quels sont, en matière d'annexion, les principes de la Convention, et que c'est elle qui a donné la formule du droit nouveau et l'exemple de ses premières applications aux relations internationales. Si elle a eu raison, quand elle a posé le principe, elle a eu tort, quand elle l'a violé. Par son démenti à sa doctrine elle a préparé la dictature militaire de Bonaparte, et elle a sa part dans la responsabilité des quinze ans de guerres napoléoniennes, qui ont saigné, épuisé la France, avec l'issue que l'on sait : deux invasions et le retour aux frontières de 1789.

Nous avons aussi nos « germanisants », nos chercheurs d'étymologie, qui sous une désinence germanique retrouvent un radical celtique, et se flattent niaisement de fonder un droit sur cette science de nécrophores. Jamais on n'aura reproché à plus juste titre à des savants français de se mettre servilement à l'école de l'Allemagne, ne lui empruntant pas les méthodes humaines qui conduisent à la vérité, mais les passions nationales qui en éloignent. Avec moins de force et de talent, parce que la pensée est moins nette, moins franche et comme honteuse, c'est dans le même ordre, dans les mêmes termes, les mêmes arguments qu'en 1870 Treitschke développait pour justifier la violence faite à l'Alsace-Lorraine : tradition agressive de l'Allemagne, « dont il faut arracher les ongles et les dents », insécurité de la frontière, nécessité d'assurer à jamais la paix de l'Europe, affinités que n'éprouvent nullement ceux à qui on les attribue, éloge des populations qu'on se propose d'asservir, volonté généreuse et désintéressée de faire leur bonheur contre leur gré, en leur apportant les bienfaits d'une civilisation supérieure, à laquelle ils aspirent sans le savoir. Seulement pour dire la vérité, qu'on ne supprime pas en la taisant, la France n'est forte et invincible, que quand elle est fidèle à ses principes. La thèse allemande est favorable à l'Allemagne. Treitschke peut dire que le dialecte alsacien est un dialecte germanique et que l'Alsace a été pendant mille ans mêlée à la vie du Saint-Empire, nos « germanisants » ne peuvent contester que les provinces rhénanes parlent allemand. et ils en sont réduits à rappeler que durant moins de vingt ans elles ont été administrées par les préfets de Napoléon. Pourquoi ne pas annexer la Saxe, sous le prétexte que Leibniz a écrit sa *Theodicée* en français? C'est une singulière perversion du goût, au moment même où l on dénonce la laideur de l'Allemagne pangermaniste, de se modeler à son image et à sa ressemblance.

Aussi bien la France n'est plus libre, elle s'est interdit le droit de conquête par la violence même avec laquelle elle n'a cessé de le flétrir. Elle ne peut être seule à oublier ce dont le monde entier se souvient. En volant l'Alsace-Lorraine, la Prusse a été fidèle à sa tradition, à son idée de l'Etat, à sa doctrine de la force. La France ne pourrait, sans se diminuer elle-même, renier du jour au lendemain, les idées généreuses qu'elle a identifiées avec son existence dans l'opinion des peuples. Nous ne consentons pas à ce que notre appel à la justice n'ait été qu'une lâcheté de vaincu, l'humilité hypocrite du faible qui attend en gémissant l'heure de commettre impunément l'attentat même dont il fut victime. La protestation du droit qui a retenti du haut de la tribune française, qui reste consignée dans les œuvres de nos plus illustres penseurs, qui est sortie de toutes les bouches parce qu'elle était dans tous les cœurs, n'aura pas été la litanie du mendiant qui cache un os de mouton sous ses guenilles.

Ne laissons pas altérer ce qui fait la beauté de la patrie française, et aussi sa force, parfois inattendue, dans l'épreuve. Depuis la Révolution, la patrie française n'est pas fondée sur l'unité et la continuité d'une dynastie nationale ; elle ne se réduit pas à l'unité de l'Etat, qui maintient sous une même loi des populations hostiles ; elle est la nation souveraine, l'union volontaire des citoyens, l'idée et l'amour, dans lesquels ils se réconcilient. La France comprend des régions diverses, dont chacune a son originalité, son tempérament, son caractère, mais qui, toutes, par leurs vertus propres, ne font que varier les aspects et les expressions du génie national. L'âpreté de ses luttes politiques, pour une part, s'explique par le sentiment d'un accord profond sur l'essentiel, que nul ne songe à remettre en question. Que l'étranger menace, tous les partis se rallient au drapeau pour la défense du patrimoine qui leur est commun. Entre la patrie française et l'impérialisme conquérant il y a une incompatibilité véritable, parce qu'il n'y a pas de place en elle pour des populations asservies qui se refusent au libre pacte qui la constitue.

Avec des millions d'Allemands incorporés de force, contenus par une tyrannie brutale, la France ne se reconnaîtrait plus elle-même. Le principe de son unité nationale serait changé, transporté du dedans au dehors, de la liberté à la contrainte. Une place serait faite en elle à l'esprit de séparatisme et de sécession. J'ajoute qu'en violant le droit des peuples, la République renierait les droits de l'homme et travaillerait à se détruire elle-même : ses mauvais conseillers, sans doute, ne l'ignorent pas. Nous ne voulons pas d'une Europe nouvelle, où la France reprenne le rôle de l'Allemagne. C'est plus qu'une Alsace-Lorraine, c'est une Pologne que l'on veut que nous attachions à nos flancs. On ne sert pas son pays en le déshonorant. Je me refuse à imaginer le discours qu'Edouard Teutsch prononça en 1874 au Reichstag de Berlin, reproduit mot pour mot, sans en rien changer, par un député protestataire et couvert par les huées et les ricanements des représentants de la France.

Toutes les puissances, coalisées pour prévenir l'hégémonie allemande, se sont accordées à dire que leur objet était de briser le militarisme prussien, ou plus justement, de détruire le militarisme auquel la Prusse a condamné l'Europe. Détruire le militarisme prussien, ce n'est pas le déplacer, en mettre le centre à Paris ou à Moscou. Les peuples versent à flots leur sang pour être délivrés enfin de la paix armée, de la course aux armements qui les ruine, de l'angoisse qui les étreint. Maintenues les causes qui ont produit le mal dans le passé, ne pourraient que le reproduire dans l'avenir. L'injustice ne se soutient que par la violence. « La victoire militaire, à elle seule, a écrit justement Normann Angell, ne suffira pas à créer cette Europe meilleure et plus stable, dont l'espérance justifie cette guerre. Un tel résultat ne dépend pas seulement de la défaite de la Germanie, il dépend du genre de paix et de règlement qui suivra cette défaite, de l'énergie, avec laquelle nous insisterons pour que la construction future soit élevée selon de justes principes, de la vigilance, avec laquelle nous éviterons dans notre politique et dans notre conduite les erreurs et les fautes de nos ennemis. Si nous négligeons cette moitié de notre tâche, l'autre moitié, — je veux dire la guerre elle-même avec toutes ses souffrances et ses sacrifices sans nombre, — restera stérile et rendra plus lointaine encore la réalisation des hautes aspirations et des fins magnifiques qui la sanctifient dans l'esprit de notre peuple (1). »

L'annexion de la rive gauche du Rhin inquiéterait l'Angleterre, menacerait la Belgique, qui nous est à jamais sacrée, éveillerait la défiance de la Hollande, en ramenant logiquement à la politique des frontières naturelles. Pour lutter contre ses nouveaux sujets, pour briser leur volonté de sécession, la France serait condamnée à un régime dictatorial, à des mesures de répression, à des lois d'exception, qui se retourneraient contre elle en changeant l'esprit de ses institutions. Une nation libérale ne peut se donner impu-

---

(1) Norman Angell : *Cette guerre mettra-t-elle fin au militarisme prussien ?*

nément une police à l'autrichienne : la nôtre nous suffit. Pour tenir les populations sous le joug, pour retarder la revanche de la Prusse, elle devrait alourdir le militarisme, dont la guerre devait l'affranchir, et, de plus en plus, comme l'Allemagne, sacrifier la liberté à la nécessité d'être forte. La démocratie se serait ruinée elle-même en se plaçant dans des conditions contraires aux principes de son existence et aux lois de son développement.

Nos soldats ont dit : « Nous allons faire la guerre à la guerre, nous nous sacrifions pour assurer à nos enfants le bienfait d'une paix définitive. » Nous sommes engagés envers nos morts. La paix ne sortira pas des pratiques et des actes qui toujours dans le passé, ont ramené la guerre et ses désastres. La doctrine de la force a fait faillite. Pour refaire l'Europe, pour y établir un ordre durable, le futur congrès ne partira pas, comme le congrès de Vienne, en 1815, du principe de la légitimité, il partira du principe qui, depuis un siècle, s'y est substitué : du droit des peuples à disposer d'eux-mêmes. Il ne cherchera pas un équilibre impossible entre des ambitions rivales, il cherchera la stabilité dans la justice ; il ne confiera pas la paix à la modération des rois, mais à la sagesse des peuples libérés. En Orient, la complication des intérêts, le mélange des groupes ethniques, les haines et les rivalités séculaires ne permettront pas de résoudre le problème à la satisfaction de tous. Mais la volonté de justice, si elle est sincère, donnera une orientation nouvelle à la politique internationale. L'idée d'un ordre juridique, étendu des relations des individus aux relations des peuples, sera entrée dans l'histoire. La nation ne sera plus un groupement artificiel, trouvant son unité dans la souveraineté absolue d'un prince, qui met sa gloire à accroître son privilège par la violence ; elle sera, autant qu'il est possible, un tout naturel, et mieux encore, une personne capable de contracter avec d'autres personnes selon la loi d'un mutuel respect. « On verra la fin de la guerre, écrivait Ernest Renan, quant au principe des nationalités se joindra le principe qui en est le correctif, celui de la Fédération européenne, supérieure à toutes les nationalités... La force, capable de maintenir contre le plus puissant des Etats une décision jugée utile au salut de la famille européenne, résidera uniquement dans le pouvoir d'intervention, de médiation, de coalition des divers Etats. Espérons que ce pouvoir, prenant des formes de plus en plus concrètes et régulières, amènera dans l'avenir un vrai congrès, périodique, sinon permanent, et sera le cœur des Etats-Unis d'Europe liés entre eux par un pacte fédéral. » L'union des puissances alliées contre l'hégémonie pangermaniste nous apporte un premier exemple de cette répression collective d'un Empire devenu pour tous une menace et un danger. Par tout ce qu'elle dissipe de milliards, par tout ce qu'elle détruit de richesses, par tout ce qu'elle anéantit d'existences humaines, cette guerre a été une leçon et une expérience. La guerre « ne paie pas ». L'Europe, si elle ne veut pas consommer sa ruine, devra comprendre qu'elle a des intérêts communs et que le premier de ces intérêts est de se constituer elle-même, parce que l'heure est passée pour elle, en face des grandes communautés continentales qui s'organisent et déjà la menacent, de se réduire à l'impuissance par ses divisions et ses luttes intestines.

3. LES RAISONS DE LA GUERRE ET LES ENGAGEMENTS DES PUISSANCES ALLIÉES.

Tous les hommes d'Etat qui, au nom des puissances alliées, ont pris la parole depuis le début des hostilités, ont affirmé que cette guerre était, en même temps qu'une lutte pour la liberté des peuples et le respect des nationalités, un effort vers la paix définitive. Ces paroles n'ont paru propres à soulever l'enthousiasme des foules et à fortifier leur volonté de sacrifice, que parce qu'elles donnaient une expression à leurs sentiments et à leurs vœux. Si elles sont oubliées par ceux qui les ont prononcées, elles seront retenues par ceux qui les ont entendues et recueillies. La Russie, la première, a pris ses engagements : à peine entrée en Galicie à la tête de ses armées, le grand-duc Nicolas, devant Dieu et devant les hommes, a désavoué le criminel démembrement de 1772, promis à la Pologne reconstituée sous la suzeraineté du tzar, avec l'autonomie, le libre usage de sa langue et le libre exercice de son culte. Le pillage, l'incendie et le massacre de la nation martyre ont scellé ce solennel engagement. Le 11 septembre 1914, Winston Churchill a dit : « Nous voulons que cette guerre remanie la carte de l'Europe selon le principe des nationalités, selon le vrai désir des peuples qui habitent les territoires contestés. Après tant de sang versé, nous voulons une paix qui libère les races, restaure l'intégrité des nations... Finissons-en avec les armements, les contre-armements, les craintes de tension, les intrigues et la perpétuelle menace de l'horrible crise actuelle. Faisons juste et naturel le règlement des conflits européens. » A la question : « Pourquoi combattons nous aujourd'hui ? » sir Edouard Grey répond : « Nous voulons que les nations de l'Europe soient libres de vivre leur vie indépendante, de poursuivre, chacune sous sa propre forme de gouvernement, son développement national, que ce soit un grand ou un petit État, en toute liberté. Nous réclamons pour nous et nos alliés réclament pour eux-mêmes, comme nous voulons assurer à l'Europe, le droit pour chaque nation à une vie indépendante, souveraine, à l'existence nationale, non pas dans une ombre de suprématie ou d'hégémonie prussiennes, mais dans la lumière d'une égale liberté. » La République française, d'accord avec ses alliés, proclame, par la voix de ses représentants les plus autorisés, que cette guerre est une guerre de délivrance. « La France, a dit le président du Conseil, n'abaissera ses armes qu'après avoir brisé le militarisme prussien, afin de pouvoir reconstruire sur la justice une Europe enfin régénérée »; et le président de la Chambre : « La France ne défend pas seulement sa terre, ses foyers, les tombeaux des aïeux, les souvenirs sacrés, les œuvres idéales de l'art et de la foi et tout ce que son génie répand de grâce, de justice et de beauté, elle défend encore : le respect des traités, l'indépendance de l'Europe et la liberté humaine. Il s'agit de savoir si tout l'effort de la conscience, pendant les siècles, aboutira à son esclavage, *si des millions d'hommes pourront être pris, livrés, parqués de l'autre côté d'une frontière et condamnés à se battre pour leurs conquérants et leurs maîtres contre leur patrie, contre leur famille et contre leurs frères...* Le monde veut vivre enfin, l'Europe veut respirer, les peuples entendent disposer librement d'eux-mêmes. »

Ces engagements seront tenus, les peuples en ont pris acte. Les traités se concluront sous la surveillance des nations qui savent de quel prix se paient les mystères de la diplomatie. La victoire de l'Allemagne serait le triomphe de la politique d'annexion, la consécration de l'anarchie internationale, sa défaite ne peut être que la négation de cette politique de conquête et d'hégémonie, qui a coalisé contre elle les nations civilisées. Ceux qui se mettent à sa suite, reprennent ses théories et ses formules, préconisent le droit de la force, se font en quelque sorte ses alliés et ne peuvent qu'être entraînés dans sa chute. J'ai la conviction que, quand l'heure viendra de passer des paroles aux actes, nous retrouverons l'unanimité française dans la volonté du droit. Les uns n'auront qu'à recueillir l'écho de leurs paroles, qui n'est pas encore éteint, les autres n'auront qu'à relire leurs écrits qui ne sont pas encore oubliés. Nos romanciers nous ont donné toute une littérature sur l'existence douloureuse et contrariée, à laquelle sont fatalement condamnées les populations annexées. M. Maurice Barrès, qui ne veut être qu'un homme de lettres, n'a pas oublié les psychologies auxquelles il s'est complu ; nul n'a mieux deviné, saisi et fixé dans leurs nuances, les froissements, les inquiétudes, le malaise, la secrète angoisse que mêle aux moindres incidents de la vie l'oppression de l'étranger, nul n'a, comme lui, surpris le contraste, le malentendu, l'hostilité irraisonnée qui à tout instant en réveille le sentiment : une telle délicatesse dans la sympathie pour les victimes ne permet pas le courage grossier de descendre au rôle de bourreau. Les amis de Paul Déroulède, ceux qui l'ont connu, ceux qui continuent son œuvre dans son esprit ne laisseront pas déchirer et moins encore ne déchireront de leurs propres mains le *Testament*, où il leur a laissé l'expression de ses dernières volontés et de ses plus hautes espérances :

Lorsque nous aurons fait la guerre triomphante
Et que notre Patrie aura repris son rang,
Alors, avec les maux que la conquête enfante,
Disparaîtra l'horreur qui suit le conquérant.

Alors la grande France, aimante et sans rancune,
Semant ses jeunes blés sous ses lauriers nouveaux,
Fêtera le Travail, père de la Fortune,
Et chantera la Paix, mère des longs travaux.

Et ce sera la Paix calme, sereine, auguste,
Qui désarme les bras sans armer les esprits :
Car nous nous montrerons des vainqueurs au cœur juste
Et nous ne reprendrons que ce qui nous fut pris.

Et notre nation, lasse de funérailles,
En exaltant ses morts, calmera ses vivants ;
Et nous ne voudrons plus qu'on parle de batailles
Et nous désapprendrons la haine à nos enfants (1).

Gabriel SÉAILLES.

---

(1) PAUL DÉROULÈDE : *Refrains militaires* (Testament).

TABLE DES MATIERES

Imp. La Productrice
51, rue St-Sauveur, Paris

Association ouvrière
Téléphone 121-78

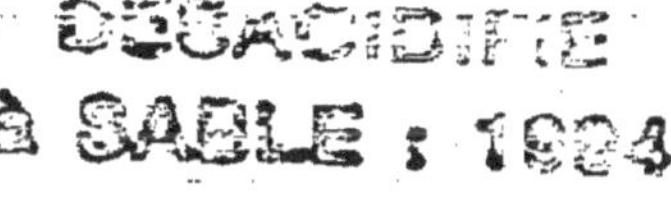

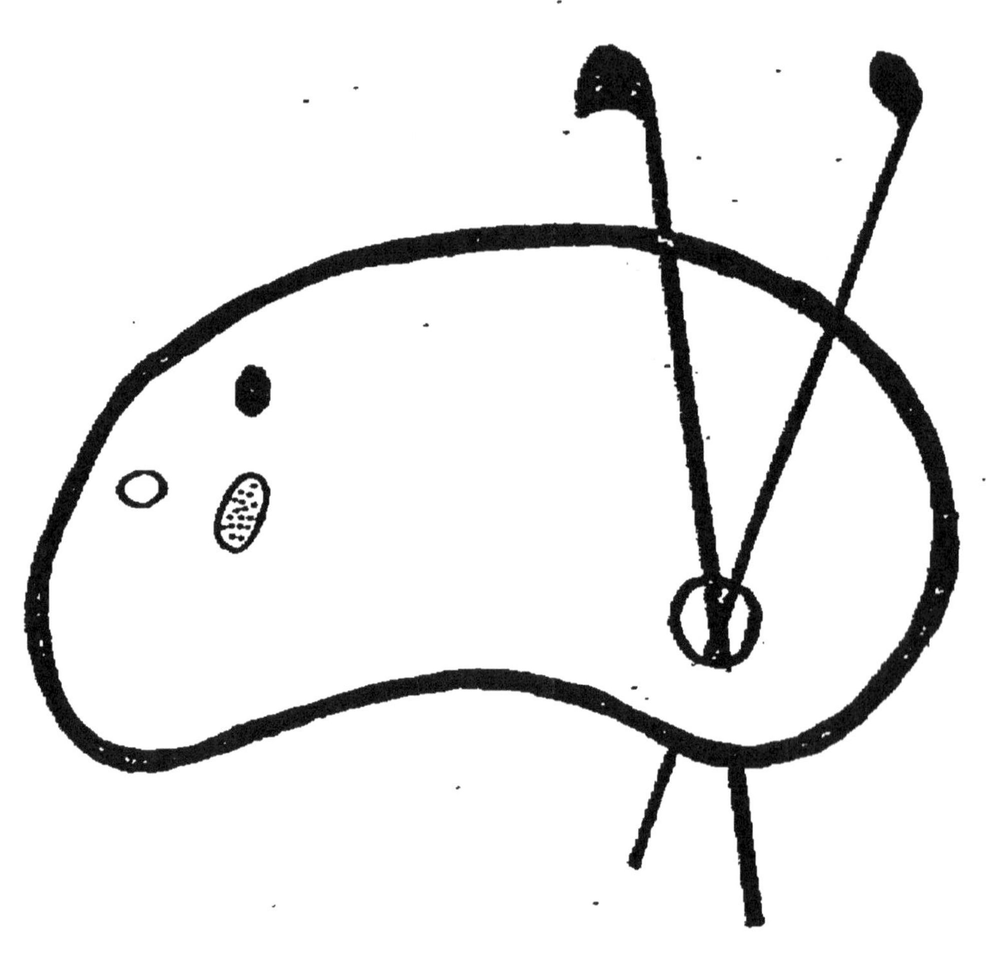

www.ingramcontent.com/pod-product-compliance
Lightning Source LLC
LaVergne TN
LVHW010036230826
846091LV00005B/1732

* 9 7 8 2 0 1 2 9 3 6 9 1 1 *